Adrian Langenscheid

TRUE CRIME ENGLAND

Wahre Verbrechen –Echte Kriminalfälle

aus Großbritannien

Adrian Langenscheid

TRUE CRIME ENGLAND

Wahre Verbrechen – Echte Kriminalfälle

Über dieses Buch:

Kaltblütige Morde, tragische Entführungen, niederträchtige Folter, skrupelloser Missbrauch, verhängnisvolle Familiendramen, ein eiskalter Serienmörder und ein Jahrtausendraub: zwanzig True Crime-Kurzgeschichten zu wahren Kriminalfällen aus Großbritannien.

Auch Richter, Staatsanwälte und Strafverteidiger lässt es nicht kalt, wenn Angeklagte wegen besonders skrupelloser Taten vor Gericht stehen und die erschütternden Schicksale der Opfer und deren Angehörigen nach und nach ans Licht kommen. Im Idealfall sorgt das abschließende Urteil für die gerechte Bestrafung der Täter – im Idealfall.

Über den Autor:

Adrian Langenscheid ist Autor der erfolgreichen Buchserie True Crime International. Seine Arbeit umfasst mehrere Disziplinen und widmet sich der Erzählung menschlicher Erfahrungen. Als leidenschaftlicher True Crime-Experte wird Adrian, nach seinem Bestsellerdebüt „True Crime Deutschland“ und dem erfolgsgekrönten Nachfolger „True Crime USA“, in einem Atemzug mit deutschen True Crime-Größen wie Harbort, Benecke oder Tsokos genannt. Das dritte Buch der Reihe knüpfte an den beachtlichen Erfolg der Vorgänger an. Zusammen mit seiner Frau und seinen Kindern lebt Adrian in Stuttgart, Baden Württemberg.

Impressum

Autoren: Adrian Langenscheid, Dr. Stefanie Gräf, M.A., Alexander Apeitos,
Franziska Singer, Amrei Baumgartl, Amanda Hintz
ISBN: 9798615305900

Lektorat: Hannah Thier, Luise Esau

1. Auflage Februar 2020

Druckerei: Amazon Media EU S.á r.l., 5 Rue Plaetis, L-2338, Luxembourg
Coverbild: © Canva (canva.com)
Covergestaltung: Pixa Heros, Stuttgart

Inhalt

Vorwort

Das Jahr 2019 hielt für mich viele Überraschungen bereit. Ohne große Erwartungen und aus leidenschaftlichem Interesse an True Crime habe ich mein erstes Buch „True Crime Deutschland“ veröffentlicht. Danach überschlugen sich die Ereignisse. Innerhalb von nur drei Wochen wurde das Debüt zu einem Bestseller und der Nachfolger „True Crime USA“ tat es ihm gleich. Auch Monate später finden sich beide Bücher, dank der zahlreichen LeserInnen, immer noch in der True Crime-Bestsellerliste. Die Bücher sind ins Englische sowie Spanische übersetzt und als Hörbuch vertont worden.

Dieser unerwartete Erfolg und die öffentliche Resonanz stimmen mich bis heute demütig. Ohne alle Leser und Leserinnen, die das Interesse an True Crime mit mir teilen und Rezensionen auf Amazon hinterlassen, wäre dies sicher nicht möglich gewesen. Denn nur durch Sie, liebe LeserInnen, ist es kleineren Autoren, die keine großen Marketingbudgets und Verlage hinter sich haben, möglich, öffentlich gefunden zu werden. Mit „True Crime England“ halten Sie nun das dritte Buch der Serie in Ihren Händen. Ich widme es in Dankbarkeit Ihnen und allen, die mit ihrem Kauf, ihrem Feedback und ihren Rezensionen am Erfolg dieser Buchreihe teilhaben. Danke!

Ihr Adrian Langenscheid

Einleitung

Ich bin ein leidenschaftlicher True Crime-Leser und liebe es, Podcasts über wahre Verbrechen zu hören. Am meisten haben es mir die Nacherzählungen echter Kriminalfälle angetan. Nicht selten erschüttern mich die geschilderten Schicksale und erstaunt entdecke ich bei meinen Recherchen, wozu Menschen offensichtlich fähig sind. Nach unzähligen True Crime-Stunden, -Tagen und -Wochen frage ich mich, was uns Menschen so an echten Verbrechen fasziniert? Immerhin begegnen wir keinen fiktiven Geschichten, sondern der schonungslosen Realität, die mit unsagbarem Leid anderer Menschen verknüpft ist. Ist es Voyeurismus oder das urmenschliche Bedürfnis nach Sicherheit? Wahrscheinlich beides.

Bei Autobahnunfällen wird weiterhin gegafft. Doch der Mensch hat sicher auch das Grundbedürfnis, potenziell gefährliche Situationen besser einzuschätzen, um ihnen so möglicherweise vorbeugen zu können. Man will somit verhindern, selbst Opfer eines grausamen Ereignisses zu werden. Wenn es sich überhaupt verhindern lässt. Denn in vielen der folgenden Verbrechen wurden Menschen wie du und ich vollkommen unverschuldet zu Opfern grauenvoller Taten.

Müsste ich ein Wort wählen, welches True Crime für mich im Kern beschreibt, wäre es wohl das Wort „lost“ (zu Deutsch „verloren“). True Crime sind wahre Verbrechen von nebenan. Grausame Geschichten, die das Leben schreibt, und die sämtliche Fiktion in den Schatten stellen. Immer geht dabei etwas verloren: Manchmal ist es die Liebe, der Verstand, das Gefühl von Sicherheit, die Menschlichkeit, der Blick für den Nächsten, ein unschuldiges Leben oder eine verpatzte Chance auf eine Zukunft in Freiheit, die in der Dramaturgie des Lebens abhandengekommen und nicht wieder auffindbar sind.

Doch nicht nur die Opfer und ihre Nächsten verlieren – auch die Angehörigen des Täters beklagen den Verlust eines Vaters, einer Mutter, eines Sohnes oder eines Freundes. Zurück bleibt ein schwarzes Loch voller Reue oder Scham, das in seiner Gier, das Verlorene zurückzuerlangen, alles verschlingt, was sich ihm in den Weg stellt. Einige Menschen werden durch den Verlust depressiv, andere aggressiv. Aus dem Opfer von damals wird manchmal der Täter von heute und die Spirale von Verlust und Suche beginnt erneut.

Es sind die vielen unbeantworteten und unbeantwortbaren Fragen, die Protagonisten und Zuschauer so fassungslos und schockiert zurücklassen: Was wäre, wenn die letzten Worte an meine nun vermisste Schwester nicht „Ich hasse dich“ gewesen wären? Hätte man diese Taten verhindern können? Und wenn ja: Wer hatte zu welchem Zeitpunkt die Macht, das schreckliche Schicksal zu wenden? Was, wenn mir solch ein grausames Los zugeteilt würde? Oder war alles nur eine Ironie des Zufalls? Könnte ich wieder Hoffnung und Frieden finden? Stimmt es, dass unter bestimmten Voraussetzungen jeder von uns dazu fähig ist, einen Menschen zu töten? Welche Voraussetzungen können das sein? Tun sich hinter der bürgerlichen Fassade von Bekannten, dem herzlichen Verhalten liebgewonnener Freunde, der netten Familie von nebenan oder der Hilfsbereitschaft des zuvorkommenden Nachbarn in Wahrheit unsagbar tiefe Abgründe auf? Beim Lesen der folgenden Kurzgeschichten können Sie sich selbst ein Bild davon machen. Aber seien Sie gewarnt: True Crime ist nichts für schwache Nerven; die Tiefen der menschlichen Abgründe können zutiefst verstörend sein.

In diesem Buch stelle ich Ihnen 20 Kriminalfälle aus Großbritannien vor. Verbrechen, die sich tatsächlich ereignet haben – und das vor gar nicht langer Zeit. Ich freue mich sehr, dass bei diesem Buch drei großartige, deutschsprachige Podcasts mit von der Partie sind. Jeden einzelnen empfehle ich wärmstens.

Lassen Sie sich nun von Mordfällen, Erpressung, Folter, Missbrauch, einer spektakulären Entführung und einem aufsehenerregenden Jahrtausendraub mitreißen, zum Miträtseln inspirieren und zu Tränen rühren! Empfinden Sie den unvorstellbaren Schmerz der Opfer und von deren Angehörigen nach! Spüren Sie die schreiende Ungerechtigkeit, wenn der Täter in manchen Fällen nicht ermittelt werden kann, dafür aber ein Unschuldiger seinen Platz im Gefängnis einnimmt und erst nach Jahrzehnten rehabilitiert wird. Selbst der Queen werden Sie auf den kommenden Seiten begegnen. Versetzen Sie sich in die Lage der Beteiligten und staunen Sie darüber, wie die Realität selbst die ausgeprägteste Vorstellungskraft in den Schatten stellt!

Schonungslos präsentiere ich Ihnen die wahren Fakten in Kurzgeschichtenform. Jeder Fall könnte alleine Bücher füllen, das jedoch ist nicht meine Absicht. Kurzgeschichten sind wie ein Sturm, der unerwartet hereinbricht. Ehe man sich versieht, hat er nichts als Zerstörung hinterlassen. Zurück bleiben, neben vielen Fragen, vor allem starke Emotionen und ein Gefühl für das, was im Leben wirklich zählt. Es sind Verbrechen in Kurzform, die zum Weiterdenken bewegen.

Beim Lesen dieser Geschichten werden Sie lachen und weinen, verblüfft, entsetzt und sprachlos sein. Erschüttert werden Sie alles in Frage stellen, was Sie über die menschliche Natur zu wissen glauben.

Tauchen Sie ein, in die faszinierende Welt der wahren Verbrechen.

Kapitel 1:

Er atmet nicht mehr!

Als der Anruf frühmorgens am 3. März 2012 um 3:07 Uhr bei der Notrufzentrale unter der Nummer 999 eingeht, ist der Servicemitarbeiter des ärztlichen Notrufs wie immer voll konzentriert. Es ist die Uhrzeit, zu der sich die meisten Herzinfarkte ereignen. Doch schnell wird klar, dass es sich um etwas ganz anderes handelt.

In der Leitung ist eine junge Frau mit polnischem Akzent. Sie ist aufgelöst, leichte Panik schwingt in ihrer Stimme mit, als sie nach einem Krankenwagen fragt. Bei ihr zu Hause ist etwas Schlimmes passiert. Ihrem vierjährigen Sohn gehe es sehr schlecht.

Sofort fragt der Servicemitarbeiter drängender nach und erkundigt sich, was genau mit ihm los sei. Diese Angaben werden benötigt und an das Rettungsteam weitergegeben, damit dieses schneller reagieren kann. Doch dann platzt es bereits aus der Mutter heraus:

„… er atmet nicht mehr!“

Ende des Jahres 2005 zieht Eryk Pełka mit seiner 27 Jahre alten Frau Magdalena Łuczak und ihrem ersten Kind von Polen nach Großbritannien. In der Industriestadt Coventry, in den West Midlands, wird die kleine Familie heimisch. Am 15. Juli 2007 kommt dann der kleine Daniel zur Welt. Obwohl es in der Ehe vermutlich bereits kriselt, wird noch ein drittes Kind geboren. Ende 2008 trifft Eryk eine folgenschwere Entscheidung, die das Aus der Ehe besiegelt: Er geht zurück nach Polen. Seine Ex-Frau bleibt zusammen mit den drei Kindern in Coventry.

Kurze Zeit später lernt sie den ebenfalls polnischstämmigen Mariusz Krężołek kennen und auch lieben. Eine Beziehung mit Höhen und Tiefen, in der es offensichtlich auch zu Gewalttätigkeiten gegenüber Magdalena kommt. Dadurch scheinen Zweifel hinsichtlich potenzieller Kindeswohlgefährdung entstanden zu sein, vor allem der kleine Daniel steht dabei im Zentrum der Bedenken. Seit November 2008 beobachten Mitarbeiter des Children, Learning and Young People Directorate (CLYP), eine Fürsorge-Institution, die um das Wohl von Kindern bemüht ist, die Familie. Am 29. Januar 2009 schaut zusätzlich noch ein Sozialarbeiter vorbei, der nach einer eingehenden Befragung der Mutter davon überzeugt ist, dass Magdalena Łuczak durchaus in der Lage ist, ihre Kinder ausreichend zu beschützen.

Im folgenden Jahr zieht Mariusz Krężołek mit der dreifachen Mutter zusammen und wird somit zum Ersatzvater ihrer Kinder. Kurz darauf vermerkt ein Mitarbeiter der Gesundheitskontrolle in seinem Besuchsprotokoll, dass Daniel seitlich am Kopf einen Bluterguss hat. Ihm wird versichert, dass der zweijährige Junge vom Sofa gefallen sei.

Am 8. August 2009 wird die Polizei zur Familie Łuczak / Krężołek gerufen. Nach einer heftigen Auseinandersetzung sind die Eheleute mit Messern aufeinander losgegangen, dabei wird Magdalena ein kleiner Schnitt zugefügt. Da ihr Partner sie zudem heftig gewürgt hat, verliert die attraktive Frau mit den meeresblauen Augen und dunklen Haaren für eine Weile ihr Bewusstsein. Als sie wieder ansprechbar ist, wird sie von den Polizisten zu dem Vorfall befragt. Beide waren betrunken, als der Streit entstand. Magdalena gibt außerdem zu, dass ihre Kinder alles mitangesehen haben. Dennoch macht sich offenbar niemand Gedanken darüber, wie die drei Kinder die bedrohliche Situation aufgenommen haben.

Des Weiteren gibt Łuczak zu Protokoll, dass ihr Partner sich auf seinem Computer Kinderpornographie heruntergeladen hat und sie etliche Male vergewaltigt habe. Der wird zwar wegen des Angriffs auf Łuczak verhaftet, kommt aber ohne Anklage wieder frei. Am 27. Dezember 2009 wird ein ähnlicher Fall häuslicher Gewalt protokolliert.

Bis 2011 verbessert sich die Situation zwischen den beiden Lebensgefährten, weitere Eskalationen bleiben scheinbar aus. In diesem Jahr steht allerdings für den kleinen Daniel ein großer Schritt an: Der kleine Junge wird vier Jahre alt und kommt im September in die Vorschule. Fotos zeigen ihn als ausgesprochen niedliches Kerlchen mit einem rundlichen, offenen Gesicht, aus dem einen strahlend blaue Augen verschmitzt ansehen. Er ist strohblond und sieht damit vermutlich seinem leiblichen Vater ähnlich. Die Mutter Magdalena hat dunkle Haare. Er wirkt pfiffig und fröhlich. Ein kleiner Kerl, der sich gerade aufmacht, die Welt zu entdecken.

Dennoch startet das Jahr 2011 nicht gut für Daniel: Am 6. Januar bringen ihn seine Mutter und Krężołek mit gebrochenem Arm ins Krankenhaus. Die Mediziner entdecken bei der Untersuchung mehrere Prellungen und Blutergüsse am Arm, an der linken Schulter sowie im Unterbauch des Kindes. Es stellt sich heraus, dass der Unfall, bei dem Daniel sich den Arm brach, schon 12 Stunden zurückliegt. Sein Geschwisterkind bestätigt die Geschichte der Eltern, kann dem Krankenhauspersonal dabei aber nicht in die Augen sehen. Weil der Arzt die Unfallerläuterung als glaubhaft empfindet, werden das Jugendamt und der Sozialdienst nicht eingeschalten.

Daniel wird zudem routinemäßig gewogen – die Anzeige bleibt bei 14,8 Kilo stehen. Mit seiner Mutter und seinem Stiefvater geht der Junge ganz normal um, wie im Bericht notiert wird.

Am 14. September wird Daniel in die Vorschule der Little Heath Primary School in Coventry eingeschult. Zu diesem

Zeitpunkt ahnt noch niemand in seinem Umfeld, wie es dem Vierjährigen in Wahrheit ergeht. Dass Magdalena und Mariusz nun so harmonisch miteinander umgehen, hat einen Grund. Offensichtlich haben sie ein anderes Ventil für ihre Aggressionen gefunden: Daniel. Für den 7. Oktober sind Textnachrichten belegt, die beweisen, dass er regelmäßig in einem winzigen, ungeheizten Abstellraum eingesperrt wird, der keine Türklinke an der Innenseite hat. Anscheinend muss der Junge dort hinein, wenn die Erwachsenen sich von ihm belästigt fühlen. Mariusz schreibt an dem Tag: „Tu ihn ins Zimmer und lass ihn da. Dann bekommst du etwas Ruhe." Eine Nachricht von Magdalena ist ein Indiz dafür, dass ihr Sohn zur Strafe öfters hungern musste: „Wir werden uns um Daniel kümmern, wenn er wieder aus der Schule kommt. Er wird kein Essen bekommen."

Im November fällt Lehrern und Betreuern in der Schule erstmals auf, dass Daniel Essen aus den Lunch-Boxen anderer Kinder stiehlt. Außerdem bedient er sich extrem häufig am „Fruit Corner" im Klassenzimmer. Während seine Klassenkameraden sich in der Regel gerade einmal ein Stück Obst dort nehmen, isst Daniel regelmäßig vier bis fünf Stücke. Für die Pädagogen sieht alles wie eine regelrechte Obsession in Bezug auf Essen aus.

Daniels Mutter Magdalena hatte zuvor Ärzten erzählt, dass Daniel nachts den Kühlschrank ausräubert und seinen Stiefvater boxt, wenn der ihm Essen vorenthält. Der Rat eines Sozialarbeiters ist lediglich, man solle ihm schon für den

Schulweg einen kleinen Snack mitgeben. Dass der Junge nur zu 63 % beim Unterricht anwesend ist, wird nicht weiter registriert.

Ein für den 15. November angesetzter Termin beim Kinderarzt wird nicht wahrgenommen. Łuczak schreibt ihrem Lebensgefährten dazu: „Ich werde in der Klinik anrufen und seinen Termin verschieben. Es geht ihm sogar noch schlechter als vorher." Am 14. Dezember besucht ein Mitarbeiter des Jugendamtes Daniels Familie. Ihm wird gesagt, dass es Magdalena nicht gut gehe und sie Daniel daher auch nicht in die Schule bringen konnte. Der Junge sitzt währenddessen am Küchentisch und isst Cornflakes.

Anfang 2012 wird die vermeintliche Ess-Obsession des Kindes immer stärker, nun beginnt er auch, sich Essen aus Mülleimern zu fischen. Einmal vertilgt er einen halben Geburtstagskuchen, den ein Lehrer eigentlich für die ganze Klasse mitgebracht hatte. Daniel schwatzt anderen Kindern ihr Essen ab, um es dann heimlich auf der Toilette zu verspeisen. Er buddelt in die Erde gepflanzte Bohnen aus und isst diese.

Währenddessen wundert sich der stellvertretende Schulleiter, dass Daniel offensichtlich nicht wächst. Später fällt auch der starke Gewichtsverlust des Jungen auf. Lehrer entdecken Abdrücke von Fingern in Daniels Nacken und immer wieder, zwischen Dezember 2011 und Februar 2012, werden Blutergüsse in seinem Gesicht bemerkt. Doch niemand schreitet ein. Der Kinderarzt, dem Daniel am 10. Februar 2012 vorgestellt wird, kann nichts Dramatisches feststellen. Der Junge sei zwar dünn, aber „nicht verkümmert“. Der Arzt vermutet deshalb wohl Wurmbefall und verschreibt ein entsprechendes Mittel.

Am 28. Februar wird Daniels Gesicht vom Schulpersonal als „teigig“ beschrieben, er habe „eingesunkene Augen“. Außerdem interagiert er nicht mehr mit seinen Klassenkameraden. Die Nahrungssuche in Mülleimern setzt er weiterhin fort. Beispielsweise holt er einen mit Sand und Matsch verschmutzten Pancake aus dem Abfall, den er ohne Nachdenken aufisst.

Einen Tag darauf, am 1. März, sucht sich das Kind erneut ein halb aufgegessenes Stück Obst aus dem Müll und isst „Schleimi“ (Spielzeugschleim), mit dem andere Kinder im Sandkasten gespielt haben. Aufnahmen der Überwachungskamera der Schule zeigen, wie Daniel nach dem Unterricht von seiner Mutter abgeholt wird. Das sind die letzten Momente, in denen man den gerade einmal vierjährigen Jungen lebend sehen wird.

Etwa zwischen 16 und 17 Uhr, zur britischen Tea Time, erlebt der lange Leidensweg von Daniel seinen tragischen Höhepunkt. Weil er sich einnässt, wird er zur Bestrafung brutal verprügelt. Sein gesamter Körper wird im wahrsten Sinne „grün und blau“ geschlagen. Die heftigen Schläge prasseln auch auf den Kopf des Vierjährigen ein. Dabei erleidet er eine schwere Hirnschädigung – und fällt ins Koma.

Doch nicht einmal jetzt reagiert Magdalena wie eine Mutter und bringt das im Sterben liegende Kind ins nächste

Krankenhaus. Vielleicht ist die Befürchtung zu groß, dass dann alles herauskommt. Am nächsten Tag nutzen sie und ihr Lebensgefährte erst einmal Google. Anhand der eingegebenen Schlagworte lässt sich rekonstruieren, dass sie nach Informationen über eine Vergiftung durch Salz suchen. Um 11:25 tippt die ratlose Mutter als Suchbegriff die Worte „care – patient in a coma“ (Versorgung Komapatient) in die Abfragezeile der Suchmaschine ein.

Offenbar fühlt sie sich hierdurch wieder auf der sicheren Seite, denn am Nachmittag um 16:30 Uhr erhält Krężołek vor ihr mehrere Textnachrichten; in einer schreibt die Mutter: „Er wird es überstehen.“ In einer weiteren betont sie, dass es keinen Anlass gäbe, den Krankenwagen zu rufen, denn das würde „echte Probleme verursachen“.

In der Nacht ändert Łuczak dann doch ihre Meinung, vermutlich verschlechtert sich der Zustand von Daniel kurzfristig. Gegen 3:07 Uhr am frühen Morgen des 3. März wählt sie den Notruf, weil ihr Kind nicht mehr atmet. Der Rettungsdienst bringt den Jungen, der einen Herzstillstand erlitten hat, direkt ins Coventry University Hospital, wo man bei der Ankunft um 3:28 Uhr verzweifelt versucht, ihn wiederzubeleben. Erfolglos. Am 3. März 2012 um 3:50 Uhr wird der gerade einmal vierjährige Daniel Łuczak offiziell für tot erklärt.

Die Autopsie erschüttert die Durchführenden schwer. Insgesamt werden 22 Verletzungen festgestellt, zehn davon nur am Kopf. Eine dadurch verursachte Hirnverletzung führte zum

Tod des Kindes. Doch damit nicht genug: Der Zustand seines kleinen Körpers schockierte die Pathologen zutiefst. Daniel hatte extremes Untergewicht, sein Aussehen wirkte auf Augenzeugen wie das eines „Opfers aus einem Konzentrationslager" oder eines „schwer Krebskranken". Er war komplett ausgezehrt und wog nur noch 10,4 Kilo als er starb. Kaum mehr als ein einjähriges Kleinkind!

Seine Mutter und auch sein Stiefvater werden umgehend verhaftet und es starten Ermittlungen wegen eines besonders schweren Falles von Kindesmissbrauch.

Für die Öffentlichkeit ist die Geschichte des bedauernswerten Kindes ein echter Schock und die Anteilnahme ist riesengroß. Als publik wird, dass der leibliche Vater des Jungen den Leichnam seines Sohnes zu sich nach Polen holen und in seiner Heimatstadt Łódź beerdigen lassen will, dies aber nicht bezahlen kann, findet sich ein großzügiger Unterstützer. Ein polnisches Bestattungsunternehmen aus London spendet den nötigen Betrag, sodass Daniel am 3. September 2013 schließlich in der Nähe seines Vaters in einem weißen Kindersarg beerdigt werden kann. Zugleich wird auf dem St. Paul's Friedhof in Foleshill, Coventry eine Gedenkstätte für ihn errichtet.

Wenige Monate zuvor, am 31. Juli 2013, werden seine Mutter, Magdalena Łuczak, und ihr Lebensgefährte, Mariusz Krężołek, des Mordes an Daniel schuldig gesprochen. Das

Strafmaß für ihre unvorstellbaren Vergehen: jeweils mindestens 30 Jahre.
Beide verneinen zwar, für seinen Tod verantwortlich zu sein, geben aber Grausamkeiten gegenüber dem Kind zu. Was während der Verhandlung zutage kommt, ist jedoch mehr als nur erschütternd; die beiden haben das Kind systematisch verhungern lassen, ihn in einem Abstellraum weggeschlossen, den Daniel auch als Toilette benutzen musste. Sie haben dem Jungen gewaltsam Salz eingeflößt und die Foltermethode des Waterboardings eingesetzt. Łuczak verteidigt sich damit, dass Krężołek gedroht hätte, sie zu erwürgen, wenn sie Daniel beschütze. Außerdem durfte sie dem Sohn nichts zu essen geben.

Auch das ältere, siebenjährige Geschwisterkind wird befragt – und dieses Mal muss es nicht lügen, sondern kann alles so berichten, wie es sich zugetragen hat. Mehrfach habe es versucht, Daniel zu helfen. Als es etwas Geld fand, sei es mit dem Bruder in einem Laden gegangen und hätte ihm heimlich etwas Essen gekauft. Außerdem musste es den kleinen Jungen immer sauber machen. Das Kind berichtet darüber hinaus, dass die Mutter und ihr Partner einmal sogar versucht hätten, Daniel gemeinsam zu ertränken. Krężołek habe seinen Kopf gegen die Wanne geschlagen und ihn gestoßen, die Mutter drückte ihren Sohn anschließend unter Wasser, um ihn zu ertränken. Dies belegen eine Textnachricht und eine Google-Suchanfrage, bei der nach „wie man Wasser aus der Lunge bekommt“ geschaut wurde. Schlafen musste Daniel auf einer mit Urin vollgesogenen, alten Matratze auf dem Flur, aber immer wieder kam er auch in den kleinen Abstellraum, der keine Türklinke hatte, damit ihn die Geschwister nicht herauslassen konnten. Wenn das verhungernde Kind dabei erwischt wurde, dass es sich etwas zu essen stahl, wurde es mit Salz zwangsernährt. Weitere Bestrafungen waren exzessive Kniebeugen.

In ihrer Urteilsbegründung macht die vorsitzende Richterin ihrem Entsetzen Luft und beschreibt die Grausamkeiten als „überaus schrecklich" und das Verhungern als „beispiellos in diesem Land". Sie weist weiter auf eine vorsätzliche und zynische Täuschung von Schule, Fürsorge und Ärzten hin – nur um zu verbergen, was geschieht, damit Daniel keine Hilfe bekommt.

Im Anschluss kommt es zu einer intensiven Aufarbeitung des Falls bei den zuständigen Stellen. Thema war dabei, wie so etwas übersehen werden konnte – und wie man die Wiederholung so einer Entwicklung künftig zuverlässig ausschließen kann.

Die beiden Verurteilten mussten keine 30 Jahre absitzen. Am 14. Juli 2015 wird Łuczak um 7:15 Uhr leblos in ihrer Zelle gefunden. Sie hat sich einen Tag vor Daniels achtem Geburtstag erhängt. Am 27. Januar 2016 wird auch Krężołek gegen 8:30 Uhr tot in seiner Zelle aufgefunden. Herzattacke. Er verweigerte eine medizinische Behandlung aus Angst davor, dass Menschen ihn erkennen würden.

Kapitel 2:

Zerstörerische Familienbande

Im Frühling 2016 erschüttert ein furchtbares Verbrechen die Stadt Luton. Der Akt an sich ist voller Brutalität und Grausamkeit, doch die volle Tragweite enthüllt eine unendliche Tragik.

Am Abend des 23. Mai 2016 stirbt eine 34 Jahre alte Frau. Sie wird von den Nachbarn und Bekannten als zurückhaltend, doch sehr freundlich beschrieben. Niemand kann sich einen Grund ausmalen, warum ausgerechnet jemand wie Saima Khan sterben muss. Das besonders Tragische hierbei: Die Frau wird nicht nur mitten aus dem Leben gerissen, sie hinterlässt auch noch vier minderjährige Kinder. Diese müssen nun ohne ihre Mutter aufwachsen, die ihnen brutal von einem Täter entrissen wurde, der wie von Sinnen auf Saima einstach. Doch das ist noch nicht einmal die halbe Wahrheit.

Am Abend des 23. Mai liegt die Doppelhaushälfte der Familie Khan in der Overstone Road in Luton friedlich und wie verlassen da. Zu Hause sind an diesem Abend nur die vier Kinder und Sabah. Sabah ist die 26 Jahre alte Schwester von Saima und passt auf die Kleinen auf. Weil Saima noch zu einer Patientin muss, die sie als Pflegekraft betreut, konnte sie nicht wie der Rest der Familie auf die Beerdigungsfeier einer Tante in der Moschee gehen. Ihre Eltern, ihr Bruder sowie ihr 36-jähriger Ehemann und Taxifahrer Hafeez Rehman nehmen an der Zeremonie teil. Insofern herrscht an diesem Abend in der Haushälfte tatsächlich einmal Ruhe.

Ein seltener Zustand, denn die gesamte Großfamilie der Khans lebt hier in bedrückender Enge auf wenigen Quadratmetern. Auf gerade einmal drei Schlafräume müssen sich sechs Erwachsene und vier Kinder verteilen. Eine Situation klaustrophobischer Enge, bei der Emotionen zwangsläufig immer wieder hochkochen, denn sich aus dem Weg zu gehen ist hier kaum möglich. Doch für die pakistanische Großfamilie ist diese Realität ein Normalzustand, da in ihrem Kulturkreis der Familienzusammenhalt von großer Bedeutung ist.

Im Haus ist bereits alles dunkel, als Saima um 23:07 Uhr wieder von ihrem Patientenbesuch zurückkehrt. Die Überwachungskamera eines Nachbarn fängt sie ein, als sie zielstrebig zur Haustür geht, aufschließt und das Haus betritt. Im Inneren schaltet sie das Licht an – doch 45 Sekunden später geschieht etwas Seltsames: Es wird schlagartig wieder stockdunkel im Haus.

Wenige Minuten später ertönen plötzlich verzweifelte Schreie, durch welche die Nachbarn aus dem Schlaf gerissen werden. Doch diese brechen schnell und unvermittelt wieder ab. Nur, um kurz darauf mit verstärkter Intensität erneut zu erklingen. Denn jetzt kommt die Khan-Familie von der Beerdigung zurück. In große Eile, denn sie haben einen merkwürdigen Anruf von Saimas Schwester Sabah erhalten. Als sie das Haus betreten und das Licht einschalten, finden sie sich inmitten einer Szene, wie sie kaum fürchterlicher sein kann. Vor allem für die Eltern muss dieser Anblick der allerschlimmste ihres Lebens sein. Direkt vor ihnen auf dem Boden liegt Saima in einem Meer aus Blut. Aus ihrem Armstumpf pulsiert es unaufhaltsam, ebenso aus ihrer Kehle und den zahlreichen Stichverletzungen. Zum Teil wurden ihr die Kleider weggezogen; die Gerichtsmediziner werden später angeben, der Täter habe dies getan, um sein Messer nach dem Tod des Opfers besser und tiefer in den Körper rammen zu können. Saima – geliebte Tochter, Schwester und Ehefrau – liegt regungslos und ausgeblutet im Hausflur, dicht an der Eingangstür.

In der Etage darüber liegen ihre vier Kinder (zwei Mädchen im Alter von sieben und einem Jahr, die Jungen im Alter von fünf und drei Jahren) in den Betten und ahnen von alldem nichts.

Schreiend vor Entsetzen und Verzweiflung rennen die Khans und Saimas Ehemann Hafeez Rehman hinaus. Sabah, die die Tote zuerst entdeckt hat, ist regelrecht hysterisch. Überall in der Nachbarschaft werden Fenster aufgerissen, einige kommen hinaus auf die Straße, weil alle sich fragen, was los ist. Auch die Polizei und der Krankenwagen samt Notarzt kommen nun an den Ort des Geschehens. Alle wurden ebenfalls von Sabah angerufen, direkt nachdem sie ihre Familie informiert hatte. Aber die Rettungskräfte können nichts mehr für die Frau tun. Um 23:30 Uhr wird Saima für tot erklärt.

Die animalische Wildheit des Mordes entsetzt sowohl die Rettungskräfte als auch die Officers der britischen Polizei. Denn der Leichnam ist übersät mit Stichverletzungen – später stellt sich heraus, dass der Mörder in blindem Blutrausch auf Saima eingestochen haben muss, denn nach 68 Stichverletzungen hören die untersuchenden Pathologen mit dem Zählen auf. Einfach nur deshalb, weil sie bei dem abgemetzelten Körper gar nicht mehr sagen können, wo ein Einstich aufhört und ein anderer anfängt. Eine Hand wurde abgeschnitten und vieles deutet auf den Versuch hin, auch den Kopf abzutrennen. Das Gesicht weist ebenfalls Verletzungen auf, so als habe es jemand absichtlich verunstalten wollen.

Nach und nach beginnen die Kriminalbeamten mit den ersten Verhören. Dabei konzentrieren sie sich vor allem auf Sabah, die ihre Schwester gefunden hat. Die ist zwar noch immer völlig aufgelöst, gibt sich aber Mühe die Fragen zu beantworten. Sie sei gerade unter der Dusche gewesen, als die Hintertür aufgerissen worden sei, deshalb habe sie sich vor Angst versteckt. Offensichtlich seien Einbrecher ins Haus eingedrungen, die von Saima überrascht worden sind und deshalb in Panik gerieten und ausrasteten. Sabah erzählt weiter, dass sie sogar noch versucht hätte, ihrer Schwester das Leben zu retten.

Tatsächlich sind im Haus Spuren zu finden, welche die Einbruchsgeschichte stützen: So ist ein Fenster eingeschlagen, die Schlafzimmer wurden durchwühlt und wertvoller Schmuck fehlt.

Als der befragende Officer Sabah auf das Blut an ihrem Arm anspricht, erklärt sie ihm, dass sie sich an den Glasscherben des kaputten Fensters geschnitten habe.

Die Polizei ermittelt in den nächsten Tagen in alle Richtungen. Sie überprüfen zwar die Einbruchstheorie, aber auch ein sogenannter „Ehrenmord“ wird nicht ausgeschlossen. Doch schon früh in den Ermittlungen entsteht der Eindruck, dass alles nicht richtig zusammenpasst. Saimas Kinder werden ebenfalls befragt. Die drei jüngeren haben während der Tatzeit tief und fest geschlafen, nur die ältere Tochter war wach. Sie erzählt, dass sie durch ein Geräusch aufwachte. Erst dachte sie, es stamme von ihrer Tante und sie rief nach unten: „Tante, tötest du eine Maus?“ – das Mädchen erhielt nur die barsche Antwort, bloß nicht herunterzukommen.

Für die Einwohner von Luton sind die Tage nach dem Mord geprägt von Entsetzen und Misstrauen. Wer geht in ihrer Stadt um und tötet Frauen, die niemandem jemals etwas zuleide getan haben? Wer nimmt vier kleinen Kindern so absolut gewissenlos die Mutter?

Schon eine Woche später erfolgt eine Verhaftung im Fall Saima Khan. Die Nachricht, dass eine 26-jährige Frau wegen des Mordes inhaftiert wurde, trifft alle völlig unerwartet. Damit hatte niemand gerechnet, doch die Beweise sind erdrückend: Im Schlafzimmer der verhafteten Frau findet ein Ermittler einen schwarzen Müllbeutel mit blutverschmierter Kleidung, einem Messer sowie Handschuhen. Auch an diesen befindet sich Blut. Das Blut von Saima Khan, wie sich später durch die forensische Untersuchung herausstellen wird. An der Kleidung finden die Forensiker winzig kleine Glassplitter. Fensterglas. Ein Vergleich mit dem zerstörten Fenster im Haus der Khans belegt, dass die Splitter von diesem Fenster stammen müssen und zwar, als die Täterin das Fenster höchstpersönlich und absichtlich zerstört hat, um eine falsche Fährte zu legen. Des Weiteren tauchen Aufnahmen einer Überwachungskamera auf, die belegen, dass die Verdächtige die Tatwaffe einige Tage vor dem Mord in einem Geschäft vor Ort gekauft hat. Schnell fallen die Puzzle-Teile ineinander und alles deutet auf diese eine Person hin. Die Verhaftete bestreitet dennoch die Tat, ist scheinbar geschockt von den Vorwürfen. Sie beteuert nachdrücklich, dass sie doch

ihre Schwester immer geliebt hätte! Die verhaftete Tatverdächtige ist Sabah Khan.
Aber wie kann das sein? – Das ist die Frage, die danach immer wieder zu hören ist. Fassungslos versuchen die Menschen zu verstehen, wie eine jüngere Schwester so einen derartigen Hass entwickeln kann. Einen Hass, der so stark ist, dass jemand zu einem Mord an seiner eigenen Schwester in der Lage ist. Niemand kann sich zu diesem Zeitpunkt auch nur im Ansatz vorstellen, welches Motiv diesem Mord zugrunde liegen könnte. Niemand außer einem. Bei der Verhaftung beschlagnahmte die Polizei auch Sabahs Smartphone. Bei der anschließenden Durchsuchung der Daten wird klarer, wie dieser unglaubliche, monströse Verrat an ihrer eigenen Schwester und deren Familie zustande kommen konnte.

Im Oktober 2017 beginnt der Prozess im Londoner Gericht Old Bailey unter Vorsitz des Richters Christopher Moss. Während der Verhandlung werden die schockierenden Details dieses bedrückenden Falles herausgearbeitet. Schnell wird klar, dass der Anlass für den Mord pure Eifersucht gewesen sein muss. Eifersucht auf Saimas Leben – oder genauer auf deren Mann und Kinder. Und letztlich vielleicht auch Entsetzen darüber, dass ihre Schwester plante, sie, Sabah, alleine zurückzulassen.

Auslöser für das Grauen des 23. Mai ist die Affäre, die Sabah 2012 mit Saimas Ehemann Hafeez Rehman beginnt. Auch die extrem beengten Wohnverhältnisse halten die beiden nicht davon ab, sich näher zu kommen und eine sexuelle Beziehung zu führen. Quasi unter den Augen der anderen Familienmitglieder. Ahnte Saima von all dem nichts oder zog sie es einfach vor, so zu tun, als würde sie es nicht bemerken? Das Techtelmechtel beginnt kurz nach der Geburt von Saimas zweitem Baby; nach mehreren Abweisungen geht Hafeez auf die Annäherungsversuche seiner Schwägerin ein. Um ungestört Sex zu haben, nutzen sie den Rücksitz seines Taxis. Die Liebelei geht sogar so weit, dass Sabah von ihrem Schwager schwanger wird; sie lässt das Kind jedoch abtreiben.

Ihre Beziehung erweist sich als ausgesprochen emotional – zumindest für Sabah, die um den Mann ihrer Träume verzweifelt kämpft. Sie neidet ihn ihrer Schwester und will ihn ganz für sich haben. Mehrfach macht sie ihm per WhatsApp Vorwürfe. Ihre Schwester betitelt sie immer nur als „Bitch“ (Schlampe). Sabah wirft Hafeez Rehman vor, ihre Schwester nur wegen einer Aufenthaltsgenehmigung geheiratet zu haben. In einer Nachricht beschwert sie sich zudem: „Mit der Bitch textest du 24/7, rund um die Uhr, aber für mich hast du keine Zeit!“ Der Ehemann und Vater gibt später bei der Polizei an, dass er die Affäre mit der jüngeren Schwester Sabah beenden wollte, sie aber gedroht habe, sich dann selbst zu schaden. Sabah schien blind vor Liebe zu sein, so schrieb sie ihrem Geliebten Hafeez: "Nichts auf der Welt kann meine Gefühle für dich ändern, nicht einmal du; egal wie schlecht du mich behandelst, es wird nichts ändern. Tag für Tag wird meine Liebe stärker.“

Irgendwann blockiert Hafeez seine Schwägerin bei WhatsApp. Dabei hatte er sich zuvor erkundigt, ob der Islam es erlaubt, beide Schwestern gleichzeitig zu heiraten. Während des Prozesses ist Saimas Ehemann sehr bemüht seine Schwägerin als diejenige darzustellen, die ihn zu der Affäre verführt hatte. Doch die Textnachrichten legen durchaus auch eine andere Version nahe. Die Verteidigung weist beispielsweise auf eine belegbar geringere Intelligenz von Sabah hin, sowie auf die Tatsache, dass es sich bei Rehman um einen deutlich älteren Mann handelt.

Warum der Umschwung genau kommt, ist unklar. Aber irgendwann muss Sabah einsehen, dass Hafeez Rehman ihre ältere Schwester nicht für sie verlassen wird. Das ist womöglich der Moment, als sie plötzlich im Internet nach Ideen sucht, um Menschen umzubringen, ohne Spuren zu hinterlassen. Sie will Hafeez schließlich für sich allein haben! Etwa drei Monate vor dem Mord informiert sie sich über giftige Schlangen und surft auf der Webseite 16 Schritte, um jeden zu töten ohne erwischt zu werden". Außerdem kontaktiert sie einen Schwarzmagier in Pakistan, der ihre Schwester verhexen und damit umbringen soll. Hierfür überweist sie sogar vorab 5.000 Pfund, mit denen der Mann jedoch spurlos verschwindet.

Ernst macht die jüngere Schwester mit den Mordplänen wohl aber erst, als sie erfährt, dass Saima und ihr untreuer Ehemann in Kürze aus dem Haus in der Overstone Road ausziehen wollen. Geht ihr in dem Moment womöglich durch den

Kopf, dass ihre Schwester ihr den Mann wegnimmt? Und so formt sich ein heimtückischer Plan in Sabah und die Beerdigung der Tante scheint für sie die optimale Gelegenheit zu sein, ihren Vorsatz in die Tat umzusetzen. Am Abend zuvor informiert sie sich im Internet vorsichtshalber nochmal darüber, wie lange eine muslimische Beerdigung ungefähr dauert, um so den zeitlichen Rahmen besser abschätzen zu können.

Um kurz nach 22 Uhr verlässt das spätere Opfer das gemeinsame Haus, um nach einer Betreuungsperson zu sehen. Während dieser Zeit sendet ihr Sabah insgesamt vier Textnachrichten, in denen sie schreibt, dass das einjährige Mädchen weint und ihre Mutter braucht. Sie endet damit, dass Saima schnell nach Hause kommen soll. Deren Antwort: „Bin schon unterwegs".

Die Aufnahmen der Überwachungskamera, an einem Nachbarhaus, zeigen Saima, wie sie um 23:07 Uhr die Tür des Familienhauses öffnet und das Licht im Flur anschaltet. 45 Sekunden später geht es aus – und erst nach acht Minuten brennt es wieder.

Während dieser acht Minuten schlachtet Sabah ihre ältere Schwester bestialisch ab. Sie lauert Saima im Hausflur auf. Vorsorglich hat sie sich andere Sachen angezogen, die sie danach wechseln will. In ihrer Hand hält sie das große Küchenmesser. Sie knipst das Licht aus, springt aus ihrem Versteck und sticht mit einer schier irrsinnigen Wildheit wieder und wieder auf ihre völlig überraschte Schwester ein. Der Schnitt über der Kehle erfolgt mit so großer Wucht, dass er beinahe den Kopf abtrennt. Saimas verzweifelte Schreie sind weit zu hören, ehe sie schließlich zu Boden sinkt. Ob Sabah die Hand abtrennt, weil der Mord-Ratgeber auf der Internetseite „16 Schritte …“ so etwas empfiehlt, ist unklar.

Durch den Lärm wacht Saimas siebenjährige Tochter im oberen Geschoss auf und fragt, was los ist. Sabah befiehlt ihr, nicht herunter zu kommen. Dann schlägt sie die Scheibe der Hintertür ein, stopft das Messer und die schwarze, blutverschmierte Kleidung in den Müllsack und versteckt diesen in ihrem Schlafzimmer. Um 23:25 Uhr ruft sie ihre Eltern an und versucht, alles wie einen missglückten Einbruch aussehen zu lassen.

Nach dieser erschütternden Mordrekonstruktion hat der Verteidiger von Sabah Khan es schwer, Entlastendes für seine Mandantin vorzutragen. Dabei zeigt sich, wie es überhaupt zu dieser unermesslich tiefen Eifersucht und dem anschließenden Gewaltexzess kommen konnte. Er weist darauf hin, dass sie ein sehr einsamer Mensch sei, der an psychischen Problemen leide. Sabah legt schon länger selbstverletzendes Verhalten an den Tag; so habe sie sich selbst Schnitte zugefügt und sich sogar gewürgt. Ein psychiatrisches Gutachten, das während der Gerichtsverhandlung verlesen wird, bestätigt, dass die 26-Jährige emotional instabil ist und an einer Form einer depressiven Störung leidet. War sie deshalb nicht in der Lage, ihre nagende Eifersucht unter Kontrolle zu halten? Die Erklärung der Psychologin Emma Kenny deutet in diese Richtung. Sie geht davon aus, dass Sabah in ihrer Vorstellung den Mord begehen musste. Da ihr Schwager sich nicht von ihrer Schwester trennen würde und die beiden ausziehen wollten, würde sie sowohl ihren Liebhaber als auch ihre Schwester verlieren. Das habe dann diese enorme, blinde Wut ausgelöst.

Sabah Khan hatte zu Beginn des Prozesses auf unschuldig plädiert; doch nach den Enthüllungen ist die Beweislast zu erdrückend. Sie plädiert schließlich auf schuldig – und nimmt den Richterspruch ohne jegliche Regung entgegen. Das Urteil lautet: mindestens 22 Jahre Haft. Sabah verliert aufgrund ihrer blinden Eifersucht nicht nur ihr Leben in Freiheit, sondern auch ihre Familie und die Liebe ihres Lebens.

Hafeez Rehman, der Vater, Witwer und Liebhaber, zeigt sich während der Ermittlungen und auch in der Gerichtsverhandlung sehr schockiert von den Ereignissen. Er betont, er würde sich nun verstärkt um seine vier Kinder kümmern – obwohl er diesen natürlich niemals die liebende Mutter ersetzen könne. Saima fehle einfach. In einem Interview wird er kurz darauf sagen: "Sie war eine liebevolle Mutter von vier schönen Kindern, eine hingebungsvolle Frau, eine geliebte Tochter und die fürsorglichste aller Schwestern."

Gut ein Jahr nach dem Mord hat sich die Familie offenbar dazu entschieden, das Haus in der Overstone Road zu verkaufen. Der Kaufpreis für den Tatort mit den drei Schlafräumen beträgt 360.000 Pfund.

Kapitel 3:

Das Jahrhundertverbrechen

Das Brettspiel Monopoly ist ein echter Klassiker, doch wie wäre es, wenn man statt mit kunterbuntem Spielgeld einmal mit echten Scheinen spielen würde? Mit Hundertern, Tausendern oder sogar noch größeren Scheinen? Im August 1963 wurde dieser Traum für mindestens 15 Männer Wahrheit. Das ist einer der Gründe, weshalb „The Great Train Robbery" zur Legende wurde. Doch ausgerechnet diese Monopoly-Leidenschaft ist es auch, die den Polizisten schließlich wertvolle Hinweise zu einem Fall liefert, der seit über 50 Jahren in der Geschichte des Verbrechens Maßstäbe setzt.

Das Jahr 1963 ist ein besonderes Jahr: Es startet mit der Aussöhnung von Deutschland und Frankreich und der geschichtsträchtigen Unterzeichnung des Élysée-Vertrag durch Charles de Gaulle und Konrad Adenauer. Im Februar führt im Iran der Schah das Frauenwahlrecht ein. Am 26. Juni beendet US-Präsident John F. Kennedy seine berühmte Rede, in der geteilten deutschen Hauptstadt, mit den Worten: „Ich bin ein Berliner.“

Und in England ruft Ronald Biggs seinen Gaunerkollegen Bruce Reynolds (32) an und will von diesem 500 Pfund leihen. Dessen Antwort ist überraschend. Das Geld könne er ihm leider nicht leihen, aber er hätte ihn eigentlich selber gerade anrufen wollen. Es gibt etwas mit Biggs zu besprechen und so vereinbaren die beiden ein Treffen.

Zu diesem Zeitpunkt ist Reynolds, der sich von kleineren Delikten bis in die kriminelle Oberklasse hochgearbeitet hat (samt Annehmlichkeiten wie Urlaube an der Côte d'Azur und Autos der Nobelmarke Aston Martin), gerade mal wieder dabei eine Bande von verschwiegenen und zuverlässigen Männern um sich zu sammeln. In seinen Memoiren bekennt Reynolds über diese Zeit: „Ich fing an, den Dieb als Künstler zu betrachten, als Künstler, der das Drehbuch schreibt, die Darsteller und die Location auswählt, Regie führt und mitspielt.“ Möglicherweise kommt ihm auch so die Idee zu seinem nächsten Coup. Eine Inszenierung, mit der er sich als regieführender Künstler selbst übertreffen will.

Den Raubzug plant Reynolds generalsstabsmäßig; später wird ihm deshalb sogar gelegentlich eine militärische Laufbahn bei der Royal Army angedichtet. Am Ende hat er eine mindestens 15-köpfige Bande zusammen – Männer, die vom ganz großen Geld und einem Leben im Luxus träumen. Mit an Bord sind neben Ronald Biggs, Buster Edwards sowie Roger

Cordrey und John Daly auch Gordon Goody, Jimmy Hussey, Roy James, Robert Welch, Jimmy White, Charlie Wilson sowie Tommy Wisbey; höchstwahrscheinlich stoßen noch wenigstens drei weitere Personen dazu. Liebevoll bezeichnet Reynolds diese Männer später als das „Veteranentreffen der Elite-Kriminellen des Landes". Und wie es sich für die kriminelle Elite gehört, haben die werten Gentlemen des Verbrechens auch einen eigenen Ehrenkodex, wie Ronald Biggs später bestätigt. Ihr eiserner Grundsatz lautet: „Niemand wird verpfiffen." Zudem zieht Reynolds es sicherheitshalber vor, dass keiner der Männer den kompletten Plan kennt und ein strenges Redeverbot gegenüber Angehörigen wird verhängt.

Der spektakuläre Raubzug ist eigentlich für den 7. August 1963 geplant, doch er wird kurzfristig einen Tag nach hinten verschoben, als Reynolds in Erfahrung bringt, dass die Beute am 8. August noch deutlich lukrativer ausfallen wird.

Zu dieser Zeit lassen die britischen Banken täglich mehrere Millionen Pfund mit dem Zug durch Großbritannien transportieren. Sie nutzen hierfür die regulären Postzüge, die nachts quer durch das Land fahren, um Briefe, Päckchen und Pakete zu den Empfängern zu bringen. Es werden Wachmänner abgestellt, um die Sicherheit der Geldsäcke zu gewährleisten. Ein gefundenes Fressen für den cleveren Reynolds, der auf Fotos gerne mal als Gentleman im feinen Zwirn, mit Silberrandbrille und einem verschmitzten Lächeln posiert.

Es ist der 8. August 1963. Um 18:50 Uhr verlässt der Postzug nach London planmäßig den Bahnhof von Glasgow. An Bord sind 128 Postsäcke mit Bargeld, insgesamt mehr als 2,6 Millionen Pfund Sterling (heutige Kaufkraft: rund 58 Millionen Euro). Bewacht wird diese, für die damalige Zeit enorme Summe, von gerade einmal fünf Postbeamten. Hinter der Lok hängt ein unbesetzter Paketwagen, dann folgt der Waggon mit dem Bargeld; dahinter schließen sich die Wagen mit den Postsortierern an.

Am frühen Morgen, gegen drei Uhr, durchquert der Zug schließlich die Grafschaft Buckinghamshire – wo er bereits sehnsüchtig erwartet wird! Nahe der Ortschaft Cheddington hält sich am Haltesignal „Sears Crossing" Roger Cordrey bereit, um in Aktion zu treten. Als die Männer endlich das feine Sirren der Gleise hören, nimmt Cordrey den bereitgehaltenen alten Handschuh und stülpt diesen sorgfältig über das grüne Signal, das dem Zug eigentlich freie Fahrt anzeigen soll. Dann nimmt Cordrey eine Batterie, die er ebenfalls bei sich trägt, und hält sie an das rote Signal, das daraufhin aufleuchtet. Schlagartig stoppen die ratternden Räder des heranrollenden Zuges. Der Lokführer bremst wie von den Ganoven geplant. Es ist kurz nach 3 Uhr morgens.

Während Lokführer John Mills den Zug zum Stehen bringt, will sein Heizer im nächsten Bahnhof nachfragen, was los ist. Doch ehe er das Streckentelefon benutzen kann, drängen plötzlich drei mit Helmen und Skimasken vermummte Männer in die Lok und überwältigen die beiden. John Mills leistet Gegenwehr. Um ihn außer Gefecht zu setzen, schlägt ihm einer der Angreifer mit einer Eisenstange über den Kopf. Mills geht betäubt zu Boden. Blut läuft aus einer Platzwunde an seinem Schädel. Doch ansonsten wird niemandem auch nur ein Haar gekrümmt – das wird später ebenfalls zur Legende des großen Postraubes beitragen.

Weitere Räuber kümmern sich jetzt um den Rest. Zuerst wird die Lok samt den ersten beiden Waggons abgekoppelt. Dann kommt alles auf den pensionierten Lokführer an, den die Bande eigens zu diesem Zweck angeheuert und mitgebracht hat. Der kommt mit dieser modernen Diesellok jedoch nicht zurecht. Scheitert nun doch alles? Die Räuber treffen eine Entscheidung: Sie rütteln den bewusstlosen Lokführer wach, dann zwingen sie ihn die Lok 1.200 Meter weiter bis zur Bridego-Brücke zu fahren.

Während die Lok und die ersten beiden Wagen in der Nacht verschwinden, sortieren abgehängt, mitten auf freier Strecke, gut 50 Postmitarbeiter in den restlichen Waggons noch immer in aller Seelenruhe Briefe und Pakete, ohne den Hauch einer Ahnung. Sie bekommen überhaupt nicht mit, dass die Lok verschwunden ist und sich die Waggons, in denen sie ihrer Arbeit nachkommen, nicht mehr bewegen.

Unter der Bridego-Brücke, einer kleinen Steinbrücke, verläuft eine kaum befahrene Landstraße und die nächsten Wohnhäuser stehen weit entfernt. Hier warten die restlichen

Ganoven bereits ungeduldig. Damit der Zug an der genau richtigen Stelle hält, warten bereits zwei Männer mit einer großen, hellen Plane auf den Gleisen. Endlich kommt die Lok zum Stehen und die restlichen Posträuber treten in Aktion.

Und sie haben echtes Glück! Normalerweise wird für den Geldtransport ein spezieller Hochsicherheitswaggon eingesetzt, doch an diesem Abend befindet der sich ausnahmsweise im Ausbesserungswerk. Insofern müssen die Gauner nur ein einfaches Schloss aufbrechen, um an die Geldsäcke zu kommen.

Die Menschenkette vom Zug bis zu den Transport- und Fluchtfahrzeugen (ein Lastwagen sowie zwei Land Rover) hat sich bereits formiert. Jetzt starten die Gangster mit dem Entladen des Geldwaggons. Das hierfür einkalkulierte Zeitfenster beträgt gerade einmal 15 Minuten und es ist entscheidend für den weiteren Plan, dass sie es minutiös einhalten! Die Posträuber laden rund 2,5 Tonnen Bargeld aus dem Waggon. In dem knappen Zeitlimit verstauen sie mehr als 100 prall gefüllte Geldsäcke in den Fluchtfahrzeugen. Gerade einmal sechs der Säcke bleiben zurück. Dem Heizer wird befohlen noch mindestens 30 Minuten zu warten, ehe er Alarm schlägt. Dann ist der Überfall auch schon vorbei und die Räuber steigen hastig in die Autos.

Nun geht es im Eiltempo zu einer 43 Kilometer entfernten Farm nahe der Stadt Oakley. Diese hatten die Gangster über einen Strohmann gemieteten und hier bereits vor einigen Tage Quartier bezogen. Das Versteck war perfekt gewählt: Die Leatherslade-Farm ist weit genug vom Tatort entfernt, um nicht direkt durchsucht zu werden, aber nah genug dran, um sie erreichen zu können, ehe die Polizei Straßensperren errichtet.

Auch an ein weiteres wichtiges Detail hat Reynolds gedacht: Er hat im Vorfeld ebenfalls dafür gesorgt, dass in der Gegend sämtliche Telefonleitungen gekappt werden. Ein geschickter Schachzug, denn so wird erst gegen 4:30 Uhr über den Polizeifunk die allererste Meldung über den Überfall durchgegeben. Ein Polizist aus der Grafschaft Buckinghamshire beginnt seine Nachricht an die Kollegen mit den legendären Worten: „Ihr werdet es nicht glauben, aber sie haben gerade einen Zug gestohlen." („*You won't believe this, they've just stolen a train.*") Damit startet die Jagd auf die Postzugräuber.

Reynolds und sein Team harren noch zwei Tage auf der Leatherslade-Farm aus, ehe sie nach und nach von dort verschwinden. In dieser Zeit sind die Männer wie in einem Rausch. Als sie auf der Farm eintreffen, wird das geraubte Geld auf dem Boden verteilt. Dabei tanzt einer der gerissenen Ganoven sogar euphorisch um die Beute herum und singt dabei. Während sie die Tage zuvor bei stundenlangen Monopoly-Partien Spielgeld genutzt haben, zocken die Gangster nun mit echten Scheinen, bis sie die Farm einer nach dem anderen verlassen. Das letzte verbleibende Bandenmitglied erhält von Reynolds den Auftrag, die Farm niederzubrennen, um so jegliche Spuren zu beseitigen. Doch ausgerechnet hier kommt es zu der ersten Disziplinlosigkeit, die schwerwiegende Folgen haben wird. Warum der letzte Gangster, dessen Name bis heute nicht bekannt ist, diese Anweisung nicht ausführt, bleibt unklar. Hält er es womöglich schlicht für unnötig, weil er sich in seiner Jahrhundertraub-Euphorie für unangreifbar hält? Oder meinte er, dass die Zeit zu knapp wurde, weil die Polizei den Räubern immer dichter auf der Spur war?

Die Polizei startet direkt, nachdem sie Kenntnis von dem Raubzug bekommen hat, mit einer breit angelegten Fahndung. Quasi jedes Haus wird durchsucht, jeder Bürger befragt, jeder Stein umgedreht. Die Öffentlichkeit wird nachdrücklich um Mithilfe gebeten. Auf nahezu jeder Strecke werden Straßensperren eingerichtet und jeder, der diese passieren will, intensiv durchsucht. Und obwohl der Raub generalstabsmäßig und bis ins kleinste Detail ausgeklügelt war, kommt Scotland Yard den Gangstern letztlich doch relativ schnell auf die Schliche. Der entscheidende Hinweis für Kriminalhauptkommissar Malcolm Fewtrell ist die Anweisung der Gangster, dass der Heizer und Lokführer mindestens eine halbe Stunde lang keinen Alarm schlagen dürfen. Daraus folgert der Ermittler, dass sich das Versteck in einem Umkreis von 30 Meilen (knapp 50 Kilometer) befinden muss. So kann Fewtrell den Suchradius deutlich eingrenzen. Als schließlich auch noch eine hohe Belohnung für Hinweise ausgesetzt wird, gibt es schnell den ersten wichtigen Tipp: Ein Rinderhalter aus Oakley meldet sich am 13. August und weist auf die neuen Bewohner der Leatherslade-Farm hin. Eine brandheiße Spur, wie die Polizisten vor Ort feststellen. Denn hier entdecken sie nicht nur die für den Raub genutzten Fluchtfahrzeuge, sondern ebenfalls Postsäcke, Banderolen von Geldscheinpaketen und jede Menge Fingerabdrücke. Denn während die Täter vor dem Überfall rund um die Uhr Handschuhe im Haus getragen haben, ließen 15 von ihnen nach dem Raub diese Vorsichtsmaßnahme außer Acht. Besonders auf dem Monopolyspielbrett, den zugehörigen Figuren und den achtlos liegengelassenen Geldscheinen wurden jede Menge Fingerabdrücke hinterlassen.

Bereits einen Tag später, am 14. August, gehen der Polizei schon die ersten beiden Täter ins Netz. Sie versuchen eine Garage zu mieten, möglicherweise um dort Beute, Utensilien und vielleicht sogar sich selbst eine Zeitlang zu verstecken. Die beiden ahnen allerdings nicht, dass sie ausgerechnet bei einer Polizistenwitwe vorstellig werden, die zu diesem Zeitpunkt gerade eine Garage zur Vermietung anbietet. Sie weiß, dass die Täter des Postzugraubes flüchtig sind und hat durch ihren verstorbenen Mann sicherlich genug Einblick in die Polizeiarbeit erhalten, dass sie beim Auftauchen der fremden Männer, die in Bezug auf sich selbst so merkwürdig wortkarg sind, sofort misstrauisch wird. Sie informiert die Ordnungshüter und die beiden werden verhaftet. Und auch bis die meisten der restlichen Gangster gefasst sind, vergehen nur wenige Monate. Sogar die Strohmänner John Wheater, Leonard Field und Brian

Field, die den Unterschlupf im Auftrag der Räuber erworben haben, werden aufgespürt. Lediglich dem Kopf der Bande, Bruce Reynolds, gelingt es unterzutauchen und sich nach Mexiko abzusetzen.

Was die Behörden vorerst nicht wahrnehmen, ist die Bewunderung, die der geniale Coup in der Bevölkerung hervorruft. Für viele sind die Räuber regelrecht Helden, denn der nahezu völlige Gewaltverzicht und die außergewöhnlich disziplinierte Durchführung lassen schnell die moderne Legende der Gentlemen-Räuber aufkommen. Und auch die Genialität in Bezug auf die konsequente Planung, bis in die kleinsten Einzelheiten, erregt allerorten Bewunderung.

Von offizieller Seite aus will man aber rigoros gegen die Männer vorgehen, die mit einer geradezu unverschämten Nonchalance sowohl Banken und Post, als auch die Polizei an der Nase herumgeführt haben. Daher beginnt am 20. Januar 1964 in Aylesbury, unter Vorsitz des Richters Edmund Davies, der bis dato längste Prozess der britischen Justizgeschichte – bis zum Urteil werden drei Monate ins Land gehen. Von Beginn an ist klar, dass ein Exempel mit abschreckender Wirkung statuiert werden soll. Insofern wird auch gar nicht genau untersucht, ob wirklich alle der angeklagten Männer konkret am Überfall beteiligt waren und welche Rolle sie genau übernommen hatten. Es kommt zu Fehlurteilen. Zwei der Verurteilten sind höchstwahrscheinlich unschuldig. Andere beteiligte Personen dagegen werden nie aufgespürt und vor Gericht gestellt, wie etwa der pensionierte Lokführer.

Biggs, Goody, Hussey, James, Welch, Wilson und Wisbey werden jeweils zu 30 Jahren Gefängnis verurteilt. Damit werden sie härter bestraft als Täter, die Kindesmord oder Vergewaltigung begangen haben. Da es damals noch keine Möglichkeit einer Bewährung gibt, muss auch die volle Zeit abgesessen werden. Boal und Cordrey erhalten 14 Jahre, Brian und Leonard Field jeweils 5 Jahre und Wheater 3 Jahre Gefängnis. Nur John Daly wird freigesprochen, weil gegen ihn nicht genügend Beweise vorliegen.

In seiner Urteilsbegründung erläutert Richter Davies, wieso er in diesem Fall die volle Härte des Gesetzes ausnutzt: „Sie und Ihre Mitangeklagten wurden der Beteiligung an einem Verbrechen überführt, das in seiner Dreistigkeit und Ungeheuerlichkeit in diesem Jahrhundert ohne Beispiel ist. Ich werde alles in meiner Macht Stehende dafür tun, dass es auch das letzte bleibt.“

Die Ironie der Geschichte ist aber: Mit seinem drakonischen Durchgreifen erreicht der Richter nur das genaue Gegenteil. Denn das extrem strenge Urteil wird in Großbritannien zum Auslöser einer Strafrechtsreform, durch die die Haupttäter des großen Postraubes nach nur einem Jahrzehnt wieder in die Freiheit entlassen werden.

Allerdings bleiben einige der inhaftierten Postzugräuber nicht untätig. Bereits am 12. August 1964 gelingt es Charlie Wilson mit Hilfe von Unbekannten aus dem Gefängnis bei Birmingham zu fliehen. Er flieht über Mexiko nach Kanada, wo Scotland Yard ihn 1968 in der Nähe von Montreal jedoch wieder aufspüren kann – weil seine Ehefrau Verwandte in England anruft. Allerdings kommt er zehn Jahre später bereits wieder auf freien Fuß.

Am 8. Juli 1965 entkommt der Mitläufer Ronald Biggs aus der Haftanstalt Wandsworth im Süden Londons. Mehrere bewaffnete und maskierte Männer lassen eine Strickleiter von einer Hebebühne aus über die Gefängnismauer hinab, sodass Biggs und drei weitere Insassen türmen können. Biggs landet nach einer längeren Flucht über die Kontinente schließlich in Brasilien, wo er in Rio de Janeiro Fuß fasst. Als Scotland Yard ihn dort 1973 aufspürt, scheitert die Verhaftung, denn Biggs hat einen Sohn mit seiner brasilianischen Geliebten und kann daher nicht ausgeliefert werden. Somit endet auch das Versteckspiel und er wird schnell zu einer Art „Popstar des Verbrechens". Allerdings steht er finanziell vor dem Aus. Daher nutzt er seine Bekanntheit, um Musik mit den Sex Pistols sowie den Toten Hosen zu machen und erzählt Urlaubern gegen einen Unkostenbeitrag die Geschichte des großen Raubzugs während eines Barbecue bei sich zu Hause. 2001 zieht es auch Biggs zurück in seine Heimat nach England, wo er postwendend verhaftet wird; erst 2009 wird er begnadigt. Vier Jahre später stirbt er mit 84 Jahren.

Bruce Reynolds, der Anführer der Bande, kehrt unerkannt aus Mexiko auf die britische Insel zurück, wo er 1968 in einer gemieteten Villa am Meer verhaftet wird. Er kommt 1978 auf freien Fuß, hat jedoch Probleme mit einem durch und durch ehrbaren Leben. Reynolds stirbt 2013.

Die große Frage, die noch immer alle beschäftigt, ist: Wo ist das ganze erbeutete Geld abgeblieben – immerhin satte 2.631.684 britische Pfund. Die Räuber teilten den Fang, der vor allem aus kleinen Scheinen bestand, in 16 oder 17 gleiche Teile auf, also rund 150.000 Pfund pro Person. Lediglich 340.000 Pfund kann die Polizei aufspüren, der Rest bleibt spurlos verschwunden.

Als ein Journalist Biggs kurz vor dessen Tod in einem Interview fragt, ob dieser es bedauert bei dem Coup mitgemacht zu haben, durch den er so lange auf der Flucht und im Gefängnis war, antwortet der nur: „Ich bin sogar stolz darauf, einer von ihnen gewesen zu sein. Was zählt, ist, dass ich in jener Nacht im August dabei gewesen bin. Ich bin einer der wenigen Zeugen dieses Jahrhundertverbrechens."

Kapitel 4:

Auf einen Drink

(von Franziska Singer /„Darf's ein bisserl Mord sein?“)

Dennis Andrew Nilsen wird am 23.11.1945 in der Gegend von Aberdeen im Nordosten Schottlands geboren. Er ist das zweite von drei Kindern der Schottin Elizabeth Whyte und des Norwegers Olav Moksheim, der den Namen Nilsen angenommen hatte. Dennis‘ Vater kämpft im norwegischen Widerstand gegen die Nazis und hat mehr Interesse am Alkohol als am Familienleben. Bald nach der Geburt ihres dritten gemeinsamen Kindes lassen sich Dennis´ Eltern wieder scheiden.

Der junge Dennis verbringt viel Zeit mit seinem Großvater Andrew Whyte, einem Fischer. Er blickt zu ihm auf, sieht ihn als seinen großen Helden und Beschützer. Wenn der Großvater auf See ist, wartet das Kind sehnsüchtig auf ihn. 1951 stirbt der Großvater auf offener See an einem Herzinfarkt. Seine Mutter zeigt Dennis die Leiche seines Opas und Idols, ohne den

Jungen darauf vorzubereiten. Sie sagt ihm, dass der Großvater nur schlafen würde. Der Anblick der Leiche verursacht ein großes emotionales Trauma bei dem Sechsjährigen, das nachhaltige Auswirkungen auf ihn haben wird und auf die Art und Weise, wie er denkt.

Als Dennis acht Jahre alt ist, spielt er wie so oft alleine am Meer und wird plötzlich von einer Welle erfasst. Er droht zu ertrinken, aber ein anderer Junge rettet ihn. Dies ist ebenfalls ein besonders einprägsamer Moment für ihn.

Zwei Jahre später heiratet seine Mutter einen neuen Mann und bekommt mit diesem vier weitere Kinder. Sie hat keine Zeit mehr für Dennis und seine beiden direkten Geschwister. Er wird zu einem ruhigen Einzelgänger. Er quält niemals kleine Tiere oder andere Kinder wie manche Jungen dies tun, im Gegenteil: Gewalt kann er nicht ausstehen. Er merkt außerdem langsam, dass er sich nicht sonderlich für Mädchen interessiert, sondern mehr für andere Buben. Trotzdem, oder vielleicht gerade um das auf den Prüfstand zu stellen, begrapscht er erst seine Schwester und danach seinen Bruder im Schlaf.

Im Jahr 1961, mit gerade einmal 16 Jahren, tritt Dennis der Britischen Armee bei. In den ersten drei Jahren ist der Teenager in Aldershot stationiert, einer Stadt etwa 50 Kilometer südwestlich von London. Dort macht Dennis seine Ausbildung zum Armeekoch und lernt dabei auch, wie man Tiere schlachtet. Aufgrund seiner Homosexualität, die in den Sechzigern noch strafbar ist, hält er sich von seinen Kameraden eher fern. Dann,

1963, wird der junge Mann in Osnabrück stationiert, später in Norwegen und schließlich in Aden (heutiges Süd-Yemen), wo er einige seiner Kollegen bei Überraschungsangriffen sterben sieht. Schon während seiner Zeit in Deutschland beginnt Dennis vermehrt, sich heftig zu betrinken und seine sexuellen Phantasien entwickeln sich stark in eine gewisse Richtung. Entweder soll er oder die andere Person beim Sex bewusstlos sein. So gibt Nilsen zum Beispiel mehrmals vor, stockbesoffen mit leicht heruntergelassener Hose einzuschlafen, in der Hoffnung, dass sich jemand an seinem Körper vergeht. Oder er legt sich, wenn er alleine ist, so vor einen Spiegel, dass er seinen eigenen Kopf nicht sehen kann. Der Anblick dieses „bewusstlosen Körpers“ erregt ihn so sehr, dass er dazu masturbiert. In seiner Phantasie wechselt Dennis Nilsen dabei zwischen dem aktiven und dem passiven Part hin und her. Eine dieser Phantasien, von der er später erzählen wird, sieht folgendermaßen aus: Ein schlanker, junger Soldat, der vor Kurzem im Kampf gestorben ist, wird von einem gesichtslosen, „schmutzigen, grauhaarigen alten Mann“ gewaschen, bevor der Mann mit der Leiche verkehrt. Diese Phantasie ist auch der Grund für spätere Theorien, dass sich Dennis‘ Großvater an dem Jungen vergangen haben könnte.

Nilsen wird noch an mehreren Orten stationiert und hat in Berlin das erste Mal Verkehr mit einer weiblichen Prostituierten – „überschätzt“ und „deprimierend“ nennt er diese Erfahrung.

Er beendet im Jahr 1972 seinen Militärdienst. Im Rahmen eines Besuchs bei seiner streng katholischen Familie wird er von seinem Bruder Olav Jr. gegenüber seiner Mutter als homosexuell geoutet. Von da an unterhält er nur noch sporadischen Briefkontakt zu seiner Familie.

Nilsen beginnt mit einer Ausbildung zum Polizisten, doch das Beste, das Faszinierendste daran ist für ihn, dass er im Leichenschauhaus tote Körper ansehen kann. Ihm fehlt die Kameradschaftlichkeit der Armee. Nach nur einem Jahr hängt er den Job an den Nagel und beginnt in einem Londoner Arbeitsamt zu arbeiten. Nilsen sucht Schwulenbars auf und lässt sich gelegentlich auf One-Night-Stands ein. Eigentlich wünscht er sich jedoch eine feste Beziehung. Den Gelegenheitssex bezeichnet er als „seelenzerstörend" und „eine vergebliche Suche nach innerem Frieden".

Eines Tages nimmt er einen jungen Mann, den er im Jobcenter kennenlernt, mit nach Hause, wo sich der Fremde schlafen legt. Nilsen nutzt die Chance, um Fotos von ihm zu machen. Der junge Mann wacht jedoch dabei auf und rennt Hals über Kopf davon, wobei er sich verletzt und ins Krankenhaus muss. Nilsen wird von der Polizei zu diesem Vorfall befragt, aber sogleich wieder freigelassen.

Seine sexuellen Phantasien vor dem Spiegel werden extremer. Er benutzt Makeup und Kunstblut, um die Illusion eines ermordeten Körpers herzustellen; und er stellt sich vor, wie jemand kommt, um ihn zu begraben. Auch das Gemälde „Das

Floß der Medusa“ von Théodore Géricault bezieht er in seine Masturbationsphantasien mit ein. Auf diesem Bild, das von einem realen Schiffbruch inspiriert wurde, bei dem es auch zu Kannibalismus kam, türmen sich die muskulösen Leiber von Männern zu einer Pyramide auf, es herrschen Tod und Verzweiflung.

Nilsen bezieht 1975 mit einem Mann namens David Gallichan eine Wohnung mit Garten in der 195 Melrose Avenue. Gallichan leugnet jegliche sexuelle Aktivität zwischen den beiden, aber Nilsen bezeichnet ihn als seinen ersten festen Freund. Sie haben zusammen einen Hund und eine Katze. Nach zwei Jahren zieht Gallichan wieder aus, weil die beiden es nicht mehr miteinander aushalten. Nilsen greift nun noch öfter zur Flasche als vorher schon, und geht einige kurzlebige Beziehungen ein, doch keiner seiner Geliebten möchte bei ihm einziehen oder länger mit ihm zusammen sein.

Am 30. Dezember 1978, Dennis Nilsen ist nun 33 Jahre alt, nimmt er den 14-jährigen Stephen Holmes mit nach Hause. Die beiden trinken Alkohol und hören Musik, und dann schlafen sie ein. Als Nilsen aufwacht, erregt ihn der Anblick des schlafenden Burschen. Der Gedanke, dass auch er ihn verlassen wird, sobald er aufwacht, macht ihn fertig. Er musste bereits Weihnachten alleine verbringen, den Jahreswechsel über möchte er nicht auch einsam sein. Und er denkt, „Du bleibst über Silvester bei mir – ob du willst, oder nicht.“ Nilsen hebt eine Krawatte vom Boden auf und beginnt, den Jungen damit zu würgen. Als das nicht ausreicht, um ihn zu töten, ertränkt er ihn in einem Eimer Wasser. Schließlich trägt er Holmes ins Badezimmer, um den Körper zu waschen. Danach trocknet er ihn sorgfältig ab und legt ihn wieder in sein Bett. Nilsen weiß nicht recht, was er mit ihm anfangen soll – zerteilen mag er ihn nicht, also macht er sich erstmal etwas zu essen und sieht fern, bevor er beschließt, den Jungen unter den Brettern seines Fußbodens zu bestatten.

Er sagte dazu „Ich legte ihn in sein neues Bett unter den Dielen. Eine Woche später fragte ich mich, ob der Zustand seines Körpers gleichgeblieben war oder ob er begonnen hatte zu verwesen. Ich grub ihn wieder aus und zog den dreckverschmierten Jugendlichen auf den Boden rauf. Seine Haut war sehr schmutzig. Ich zog mich nackt aus, trug ihn in das Badezimmer und wusch ihn. Es waren praktisch keine Verfärbungen zu sehen, seine Haut war sehr bleich. Seine Glieder schienen entspannter als zu dem Zeitpunkt, als ich ihn dort hinunter gelegt habe.“

Nilsen masturbiert zweimal auf den Leichnam und bewahrt ihn ein Weilchen in seinem Wohnzimmer auf, bevor er ihn wieder unter die Dielen legt. Fast acht Monate später exhumiert er ihn wieder und verbrennt den Körper in seinem Garten. Den Geruch maskiert er, indem er gleichzeitig einen Autoreifen mit ins Feuer schmeißt.

Im Oktober 1979 lockt Nilsen den chinesischen Studenten Andrew Ho, mit der Aussicht auf Sex, zu sich nach

Hause und versucht dann, ihn zu strangulieren. Ho rennt weg und meldet den Vorfall der Polizei, zeigt ihn aber nicht an.

Zwei Monate später bringt Nilsen den kanadischen Touristen Kenneth Ockenden in seine Wohnung. Sie trinken zusammen große Mengen Alkohol und hören Musik. Den Gedanken, dass sein neuer Freund ihn am nächsten Tag schon wieder verlassen wird, um nach Hause zu fliegen, erträgt Nilsen nicht. Deshalb erwürgt er den jungen Mann mit dem Kabel der Kopfhörer, die dieser gerade trägt, um Musik zu hören. Dann schenkt er sich noch ein Glas ein und setzt sich selbst die Kopfhörer auf, um ein wenig der Musik zu lauschen, bevor er den toten Kenneth wäscht und in sein Bett legt. Am nächsten Tag stopft Nilsen den Körper des Kanadiers in seinen Kleiderschrank und geht ganz normal zur Arbeit. Nach Feierabend macht er einige Fotos von Kenneths Leichnam und vergeht sich an ihm, bevor er ihn ebenfalls unter die Dielen legt. In den nächsten Wochen holt er Kenneth immer wieder hervor und setzt ihn in einen Stuhl, um mit ihm zusammen fernzusehen.

Im Mai 1980 nimmt der obdachlose 16-jährige Martyn Duffey Nilsens Einladung, ihm etwas zu essen zu kochen und ein Bett für eine Nacht zu geben, an. Wie sein erstes Opfer wird auch Martyn von Nilsen bewusstlos gewürgt und dann ertränkt. Die Leiche verbleibt zwei Wochen in Nilsens Kleiderschrank, bevor sie unter den Dielenboden deponiert wird.

Einige Wochen später wacht Douglas Stewart nach einer durchzechten Nacht mit Nilsen teilweise gefesselt auf einem Sessel auf - gerade in dem Moment als Nilsen beginnt ihn zu strangulieren. Stewart schlägt Nilsen nieder und ruft die Polizei. Doch die Ordnungshüter gehen wieder, weil sie die Angelegenheit nur für einen „Streit unter Schwulen“ halten. Auch Stewart verfolgt die Angelegenheit nicht weiter.

Nilsens nächste Opfer, die ihm nicht entkommen, sind Billy Sutherland (27) und sechs oder sieben weitere nicht identifizierte Männer zwischen 18 und 30 Jahren.

Im September 1981 erleidet der 24-jährige Malcolm Barlow einen epileptischen Anfall vor Nilsens Haus und dieser ruft den Rettungsdienst. Am nächsten Tag kommt Barlow zurück, um sich bei seinem Lebensretter zu bedanken, er bleibt für einen Drink. Dann wird er ermordet.

Nilsens Vorgehensweise ist immer die gleiche: Er bringt einen jungen Mann zu sich nach Hause, oft aus einem Pub, wo sie sich kennengelernt haben, mit der Aussicht auf mehr Alkohol und/oder eine Übernachtungsmöglichkeit. Die jungen Männer haben häufig keine Angehörigen oder verstecken sich teilweise sogar vor der Polizei. Dann stranguliert Nilsen seinen Gast entweder bis er tot ist oder ertränkt ihn, wenn er durch das Würgen nur bewusstlos wurde. Danach badet der Mörder den toten Körper, kleidet ihn wieder an und legt ihn in sein Bett. Einige der Leichen lässt Nilsen gut eine Woche lang bei sich im Bett liegen, um sie für sein sexuelles Vergnügen zu benutzen. Die Kontrolle über diese Männer zu haben, gefällt ihm, und dass ein toter Körper nicht mehr reagieren kann, übt eine starke

Faszination auf ihn aus. Nilsen wird später sagen, dass er diese Männer mehr schätzt, als sie jemals von irgendjemandem geschätzt worden sind.

Da nicht alle Opfer unter den Dielenbrettern seiner Wohnung Platz haben, zerteilt Nilsen die Leichen ab einem gewissen Zeitpunkt in seiner Küche. Den Hund und die Katze schickt er dabei in den Garten – die Männer gehören ihm allein. Er kocht manche Köpfe in einem großen Topf aus und verpackt die inneren Organe in Plastiktüten. Ein paar von den zerteilten Oberkörpern, die sich bei ihm anhäufen, steckt er in Koffer. Dann und wann verbrennt Nilsen einige der Leichenteile in seinem Garten – immer zugleich mit Autoreifen, um den Geruch zu überdecken. Zweimal am Tag versprüht er in seiner ganzen Wohnung Insektizide, um die Fliegen loszuwerden. Nachbarn beschweren sich über den unangenehmen Geruch, aber Nilsen schiebt es auf den maroden Zustand des Gebäudes.

Im Sommer 1981 muss Nilsen ausziehen, weil das Gebäude renoviert werden soll. Seine neue Wohnung in der 23D Cranley Gardens (Muswell Hills) liegt im obersten Stock, ihm steht kein Garten mehr zur Verfügung – Nilsen muss sich etwas Neues überlegen, wenn er weiter morden will. Und das wird er, denn sein Bedürfnis nach Nähe ist zu groß.

Der 19-jährige Paul Nobbs wacht nach einer durchzechten Nacht mit starken Kopfschmerzen und blutunterlaufenen Augen in Nilsens Wohnung auf. Er lässt sich später von einem Arzt untersuchen und findet heraus, dass er gewürgt worden sein muss – er zeigt Nilsen aber nicht an.

Sein nächstes Opfer, John Howlett (23), kennt Nilsen auch aus dem Pub. Die beiden Männer haben sich dort bereits vorher mehrmals gut unterhalten. Eines Nachts begleitet John Nilsen nach Hause, um dort weiter zu trinken. Er legt sich in dessen Bett schlafen und wird angegriffen. John wehrt sich, er versucht ebenfalls Nilsen zu würgen, und obwohl er sich gut schlägt, verliert er den Kampf. Schließlich ertrinkt auch er, wie die vielen anderen, als er bewusstlos mit dem Kopf in der Badewanne liegt. Nilsen trägt noch tagelang Kampfspuren sichtbar an seinem eigenen Hals. Er zerteilt John in kleine Stücke, die er in der Toilette runterspült. Kopf, Hände und Füße, neben anderen Teilen, kocht er aus. Die Knochen wirft er zum Teil in den Müll, einige größere kommen in den Kompost und andere legt er in einer Küchenschublade in Salz ein.
Silvester 1981 geht Toshimitsu Ozawa mit Nilsen nach Hause, aber er bekommt Angst und läuft weg, als sich Nilsen ihm mit einer Krawatte in den Händen nähert. Auch hier gibt es keine weiteren Untersuchungen.

Nilsens nächster nächtlicher Besucher ist Carl Stottor (21). Der Serienmörder würgt ihn, doch Carl wacht auf. Daraufhin steckt Nilsen seinen Kopf in einen Eimer Wasser, wie er es immer tut, um ihn ertrinken zu lassen. Doch Carl wird nur ohnmächtig. Als er erwacht, sitzt er in einem Sessel. Nilsen ist völlig überrascht, dass er nicht tot ist, und erzählt ihm eine wirre

Geschichte, wie er sich im Schlaf im Reißverschluss des Schlafsacks so verhakt hätte, dass er beinahe erstickt wäre. Um Stottor wiederzubeleben, hätte er ihn in kaltes Wasser getaucht. Nilsen lässt Stottor nach Hause gehen.

Das nächste Opfer ist Graham Allen (27). Wie bei einigen anderen zuvor erinnert sich Nilsen nicht daran, ihn ermordet zu haben – als er aus einer „mörderischen Trance“ zu sich kommt, sitzt eine Leiche in seinem Sessel. Allen bleibt 3 Tage in der Badewanne, bevor Nilsen ihn zerteilt.

Im Januar 1983 tötet der nun 38 Jahre alten Nilsen zum letzten Mal, und zwar den 20-jährigen Stephen Sinclair. Mit ihm verfährt er genau wie mit den beiden anderen Opfern zuvor.

Im Februar 1983 häufen sich die Beschwerden der Anwohner in Nilsens Haus über die verstopften Toilettenabflüsse. Der Installateur, der daraufhin erscheint, um sich ein Bild von der Lage zu machen, findet nicht nur einen furchtbaren Gestank vor, sondern auch eine fleischige Substanz und mehrere Knochenstückchen im Abflussrohr des Hauses. Nilsen sagt ihm, dass er glaubt, es habe jemand Essen von Kentucky Fried Chicken runtergespült. Nachts räumt er vorsichtshalber das Rohr aus. Als der Installateur am nächsten Tag zurückkehrt, um den Abfluss zu reinigen, findet er ihn bereits gereinigt vor. Doch weiter oben im Rohr, das zu Nilsens Wohnung führt, findet er noch einige Stückchen Fleisch und Knochen. Er alarmiert die Polizei, die den Verdacht bestätigt, dass diese Teile menschlicher Herkunft sind.

Als Nilsen von der Arbeit nach Hause kommt, wartet die Polizei schon auf ihn. Die Polizisten verschaffen sich Zugang zu seiner Wohnung, wo ihnen der Verwesungsgeruch sofort auffällt. Nilsen tut zuerst überrascht, gibt aber bald zu, dass er noch weitere Leichenteile in seinem Schrank hat. Bei der Durchsuchung seiner Wohnung finden Polizisten mehrere Säcke mit menschlichen Überresten in verschiedenen Stadien der Verwesung. Als die Polizei Nilsen abführt, fragt ihn einer der Männer, ob die Überreste in seiner Wohnung zu einer oder zwei Personen gehören. Nilsen antwortet: „Fünfzehn oder sechzehn, seit 1978."

Nilsen ist geständig.

Er legt ein volles Geständnis ab, aber er zeigt keine Reue. Er hilft den Polizisten aus dem Gedächtnis, die Teile zusammenzufügen, die zusammengehören und erzählt alles über seine erste Wohnung und den Garten. Über das Zerteilen der Leichen sagt Nilsen: „Das Opfer ist der schmutzige Teller nach dem Festmahl, und das Abwaschen ist ein gewöhnlicher, klinischer Akt." Er sagt auch, dass er ewig so weitergemacht hätte, wenn sie ihn nicht geschnappt hätten.

Paul Nobbs, Douglas Stewart und Carl Stotter sagen vor Gericht gegen Nilsen aus. Ein Psychiater bescheinigt ihm eine Art narzisstischer Persönlichkeitsstörung mit schizoiden Ausbrüchen, die er allerdings die meiste Zeit unter Kontrolle halten kann. Ein anderer Gutachter meint dagegen, dass Nilsen nur sehr manipulativ sei – abnormal, das schon, aber er habe keine Persönlichkeitsstörung.

Dennis Nilsen wird 1983 in sechs Fällen des Mordes und in zwei Fällen des versuchten Mordes angeklagt und zu lebenslanger Haft verurteilt. Das bedeutet für ihn, dass er mindestens 25 Jahre lang in Haft bleiben muss.

Sein erstes Opfer, Stephen Holmes, wird übrigens bis 2006 nicht identifiziert – erst da erkennt Nilsen ihn angeblich auf einem Foto, das ihm die Polizei zeigt. Es ist das Bild eines vermissten Jungen. Da eine Verurteilung in diesem Fall die Haftstrafe nicht verlängern würde, und die Knochenfragmente aus seiner ersten Wohnung bereits vernichtet worden sind, wird Nilsen nicht des Mordes an dem 14 Jahre alten Stephen Dean Holmes angeklagt.

Im Gefängnis schreibt er seine Autobiographie, „History of a Drowning Boy“, die keinen Verleger findet.

Am 12. Mai 2018 stirbt Dennis Nilsen im Alter von 72 Jahren an einer Lungenembolie im Hochsicherheitsgefängnis Full Sutton in Yorkshire.

In einer schriftlichen Aussage vom Jahre 1983 sagt Nielsen: „Wenn ich durch die Arbeit unter Druck gesetzt werde, die soziale Einsamkeit besonders weh tut und ich mich vollkommen elend fühle, fühle ich mich zwanghaft dazu genötigt, der Realität vorübergehend zu entfliehen. Das erreiche ich durch große Mengen Alkohol und indem ich Musik einschalte, die mich mental an einen Ort von Ekstase, Glück und Tränen führt. Das ist ein sehr emotionales Erlebnis … ich durchlebe Momente wieder, von meiner Kindheit bis heute, aber ohne die schlechten Seiten. Wenn ich Alkohol trinke, fühle ich mich aus meiner isolierten, gefängnisähnlichen Wohnung herausgezogen. Ich bringe Leute mit, denen nicht immer gestattet wird zu gehen, weil ich meine Erlebnisse und dieses Hochgefühl mit ihnen teilen möchte."

Kapitel 5:

Die beste Mama

Das Jahr 2008 ist kein gutes Jahr für die Familie Matthews aus Dewsbury, West Yorkshire. Die neunjährige Shannon Louise Matthews ist ein fröhliches Kind, obwohl ihre Lebensumstände durchaus kompliziert sind. Das niedliche Mädchen mit dem runden Gesicht und den strahlenden braunen Augen, die unter dem Pony hervorlugen, ist noch zu jung, um sich für die Chart-Hits von Rihanna, Coldplay, Pink oder Kid Rock zu interessieren. Vermutlich träumt sie mit anderen Mädchen vom eigenen Pony, sich als Prinzessin zu verkleiden oder im Kino „Madagaskar 2“ anzusehen. Sie liebt Hunde. Shannon stammt aus einer Unterschichtenfamilie, wie es sie in der Region Yorkshire häufiger gibt. Die Arbeitslosenquote liegt hier bei rund 5,9 Prozent – und somit einen ganzen Prozentpunkt höher als der landesweite Durchschnitt. Deutlich niedriger ist dafür das durchschnittliche Jahresgehalt der Menschen, die einen Job haben – nämlich 40.000 Pfund geringer. Shannons Mutter, die

32-jährige Karen Matthews, lebt von Wohlfahrtsgeldern und träumt daher schon länger davon, einmal Glück im Leben zu haben und ein reiches, sorgenfreies Leben zu führen. Die Realität sieht jedoch anders aus: Sie ist Mutter von insgesamt sieben Kindern, die von fünf unterschiedlichen Vätern stammen. Das jüngste stammt von ihrem aktuellen Freund Craig Meehan; der 22 Jahre alte Mann arbeitet als Verkäufer in einem Fischgeschäft. Karens Eltern sind über die Beziehung unglücklich, sie finden, dass Karen sich seither verändert hat.

Tatsache ist allerdings, dass die beiden sich trotz des geringen Einkommens durchaus etwas gönnen im Leben. In ihrer gemeinsamen Wohnung befinden sich drei Computer und auch ein Widescreen-Fernseher.

Doch was noch keiner ahnt, am 19. Februar 2008 soll etwas passieren, was das Leben in Dewsbury komplett auf den Kopf stellen und ein Medieninteresse über die Grenzen Großbritanniens hinaus erwecken wird. Knapp vier Wochen wird in der Stadt ein Ausnahmezustand herrschen – und alles beginnt an diesem Tag mit einem Anruf um 18:48 Uhr.

Shannon hat an diesem Nachmittag bis 15 Uhr ihren üblichen Schwimmunterricht in der Westmoor-Grundschule. Die Schule ist gerade einmal eine halbe Meile, gut 800 Meter, von ihrem Zuhause entfernt; deshalb holt sie auch niemand ab und sie macht sich allein auf den Nachhauseweg. Um 15:10 Uhr wird sie vor der Schule zum letzten Mal gesehen, für den Heimweg braucht Shannon etwa zwanzig Minuten – doch sie kommt nicht zu Hause an! Hat sie sich vielleicht mit einer Freundin getroffen und ist zu ihr nach Hause mitgegangen? Gegen 18:48 Uhr fasst ihre Mutter einen Entschluss: Karen ruft die Polizei von West Yorkshire an und meldet die Neunjährige als vermisst.

Die Nachricht spricht sich wie ein Lauffeuer herum, denn Matthews hat als erstes bei allen Leuten nachgefragt, bei denen ihre Tochter sich aufhalten könnte. Die wiederum erzählen es weiter – in der Hoffnung, so Shannon irgendwo aufzuspüren. Denn bei einem vermissten Mädchen in dem Alter hat man sofort ein Schreckensszenario im Kopf. Alle hoffen und beten, dass Shannon nicht das Opfer eines Kinderschänders geworden ist!

Die nun umgehend anrollende Suchaktion sucht ihresgleichen: Rund 3,2 Millionen Pfund kostet sie die Polizei. Und auch die Bevölkerung fiebert intensiv mit, hilft ebenfalls nach Kräften bei der Suche und spendet der verzweifelten Mutter Trost. Ganz West Yorkshire leidet mit ihr, denn der Gedanke, dass das kleine Mädchen womöglich Opfer eines Verbrechens wurde, ist für alle Eltern unerträglich. Es werden Himmel und Hölle in Bewegung gesetzt, um das Mädchen zu finden. Mehr als 200 Polizisten sind im Einsatz – rund 1.500 Auto-, LKW- und Motorrad-Fahrer werden befragt, insgesamt 3.000 Häuser durchsucht! Auch hunderte von Nachbarn unterstützen die Suchaktion und durchkämmen Waldgebiete und Felder. Als die Suche auch nach 14 Tagen ergebnislos bleibt, werden am 5. März die Polizeikräfte noch aufgestockt.

Dies ist ebenfalls eine Reaktion auf die zunehmende öffentliche Verzweiflung, das Leiden und die Trauer der Mutter. Der verantwortlichen Polizei geht es ähnlich, insofern findet der erhöhte Suchaufwand auch ihre volle Unterstützung. Nun fahnden 250 Officers sowie 60 Detectives nach Shannon, von der es noch immer nicht einmal den Hauch einer Spur gibt. Sogar 16 Suchhunde sind im Einsatz – dabei gibt es 2008 gerade einmal 27 in ganz Großbritannien. Ebenso wird das Internet für die Fahndung nach dem spurlos verschwundenen Mädchen genutzt. Die Polizei stellt zwei Webseiten online, auf denen um Mithilfe gebeten wird. Alle wissen, die Zeit rennt ihnen davon. Denn erwiesenermaßen ist es umso unwahrscheinlicher, ein Kind lebendig und unversehrt wiederzufinden, je mehr Zeit vergeht.

Ganz Großbritannien fiebert mit. Die Medien, allen voran die Boulevardpresse, berichten eingehend über den Fall, möglicherweise unter dem Eindruck der Entführung der kleinen Madeleine McCann in Portugal, die nachts ebenfalls spurlos verschwand und nie wieder auftauchte. In diesem Fall hoffen alle noch auf ein gutes Ende. Immer wieder wird Karen um Interviews und Statements gebeten. Es gibt eigentlich kaum eine Zeitung oder einen Fernsehsender, in der sie nicht präsent ist. Häufig ist ihr Lebensgefährte Craig dabei. Die Auftritte der verzweifelten Mutter, mit Appellen an die Entführer, sind anrührend. Sie bittet, fleht, man möge ihr doch ihr geliebtes Mädchen zurückgeben; sie betet sogar öffentlich darum, dass Shannon gesund und wohlbehalten wieder auftaucht. Diese Bilder rühren die Briten sehr – wobei auch geunkt wird, dass die Unterschichten-Mama, mit sieben Kindern von fünf verschiedenen Vätern, sich leider von den Kameras nicht so gut präsentieren könne wie die gutsituierten McCanns.

Dennoch ist die öffentliche Hilfsbereitschaft ungebrochen: Die Zeitung „The Sun" setzt eine Belohnung von 20.000 Pfund für Hinweise aus, die zu einer sicheren Heimkehr von Shannon führen. Am 10. März, als das kleine Mädchen insgesamt bereits 20 Tage verschwunden ist, wird der Betrag sogar auf sensationelle 50.000 Pfund aufgestockt. Ein Unternehmen in Huddersfield, nur wenig entfernt von Dewsbury, setzt ebenfalls 5.000 Pfund als Belohnung aus. Niemand ahnt zu diesem Zeitpunkt, dass die Täter genau auf diese Hilfsbereitschaft gesetzt haben.

In der Zwischenzeit ermittelt die Polizei in alle Richtungen. Dabei gerät unter anderem auch das familiäre Umfeld von Shannon ins Visier der Ermittlungen. Immerhin sind in Fällen von Kindesentführungen häufig Familienangehörige involviert. Vor allem Michael Donovan, Craigs Onkel, gerät immer mehr unter Beobachtung – wie auch die Mutter selbst. Denn in den Befragungen überraschen sie die Ermittler wiederholt mit neuen Erklärungen und verfangen sich immer mehr in Widersprüchen. Insgesamt stehen schließlich sechs unterschiedliche Versionen im Raum. Und auch das Verhalten der Mutter ist zunehmend irritierend. Eine Verbindungsoffizierin der Polizei wundert sich sehr darüber, wie die in den Medien so besorgte, tränenüberströmte Frau in ihren eigenen vier Wänden agiert, wenn es um das Verschwinden ihrer Tochter geht. So schaut sie bei einer Gelegenheit kaum auf, als die Polizistin ins Haus kommt, sondern spielt lieber, mit ihrem Lebensgefährten, auf der Xbox weiter. Und als das Telefon der Polizistin klingelt – der Rufton ist ein beliebter Popsong – steht Karen plötzlich auf und beginnt zum Ton zu tanzen. Verzweiflung und Sorge sind zeitweise wie weggeblasen.

Am 24. Tag nach dem Verschwinden von Karens Tochter kommt endlich Bewegung in die Angelegenheit. Mittags um halb eins, am 14. März 2008, verschafft sich die Polizei Zutritt zu einem Haus im nahen Lidgate Gardens, Batley Carr. Das Domizil des 39-jährigen Michael Donovan. Er ist der Onkel von Karens Lebensgefährten Craig Meehan. Die Polizei durchsucht das verdreckte Wohnhaus und hat den richtigen Riecher: Unter einem Bett machen sie eine schockierende Entdeckung. Hier liegt die neunjährige Shannon Matthews. Vollgedröhnt mit Drogen und gefesselt, damit sie nicht weglaufen kann. Jemand hat sie mit einem Elastikseil an einem Balken festgebunden. Nur mühsam kann sich das Mädchen artikulieren, tritt immer wieder weg. Donovan, der sich im Haus befindet, wird auf der Stelle festgenommen. Für die Polizisten ist klar: Entweder ist er der alleinige Entführer oder er ist zumindest maßgeblich an der Entführung beteiligt, denn alles deutet darauf hin, dass Shannon hier die ganzen 24 Tage unter dem Bett versteckt wurde.

Allerdings wird noch etwas Beunruhigendes entdeckt: der Laptop von Karens Lebensgefährten Craig Meehan. Darauf sind 136 kinderpornographische Darstellungen abgespeichert. Die Ermittler sind entsetzt.

Die Polizei vermutet sofort, dass noch andere an der „Entführung" beteiligt sein könnten. Deshalb nimmt sie das kleine Mädchen in Gewahrsam und übergibt es an das örtliche Jugendamt. In Großbritannien erlaubt Abschnitt 46 des „Children Act 1989"(Kindergesetz 1989), dass die Polizei Kinder zu deren Schutz bis zu 72 Stunden in Gewahrsam nehmen kann. Doch auch am 17. März kommt Shannon nicht wieder zurück zu ihrer Mutter. Als man das kleine Mädchen fragt, ob es das gerne möchte, verneint es heftig und erklärt den Polizisten, dass es lieber einfach nur mit seiner Lieblingskatze zusammen wäre. Stattdessen kommt die schwer traumatisierte Shannon in eine Pflegefamilie. Sie leidet unter heftigen nächtlichen Albträumen und benötigt intensive psychiatrische Betreuung. Die polizeiliche Befragung des Kindes zieht sich daher über mehrere Wochen hin, weil die Termine jeweils maximal zehn Minuten lang sein dürfen. Zudem erfolgen sie in einer speziellen Umgebung, die wie ein Klassenzimmer gestaltet ist.

Was die Öffentlichkeit bislang noch nicht ahnt: Die Schlinge um Karen Matthews zieht sich immer enger zu. Es tauchen belastende Indizien auf, die darauf hindeuten, dass die Mutter nicht so unbeteiligt an der skurrilen Entführung ist, wie sie gerne weismachen würde. Die Mutter von Craig Meehan zeichnet etwa ein merkwürdiges Telefongespräch auf, bei dem im Hintergrund eine Stimme zu hören ist, die stark wie die von Shannon klingt. Karen fährt die Person im Hintergrund an, bloß zu schweigen. Und schließlich bekennt Karen selbst, an dem Verbrechen beteiligt gewesen zu sein – und zwar Freunden gegenüber. Auf einer Autofahrt mit Bekannten verplappert sie sich. Geschockt konfrontieren die Bekannten Karen mit ihrem Verdacht, worauf hin sie erklärt, dass sie mit Donovan eine Verschwörung ausgeheckt habe. Seine Aufgabe dabei sei es gewesen, sich um ihre Tochter zu kümmern – aber dummerweise sei alles schiefgelaufen. Was Karen nicht ahnt: Die Polizei ist der Opferfamilie gegenüber bereits so misstrauisch, dass dieses Auto abgehört wird. Das aufgezeichnete Geständnis ist das letzte noch fehlende Puzzleteil in den Ermittlungen. Karen Matthews wird auf der Stelle festgenommen.

Als der Schwindel herauskommt, schlägt die öffentliche Stimmung um. Die Mitbürger sind extrem aufgebracht und fühlen sich hinters Licht geführt. Statt Mitgefühl und Verständnis füllen nun Hasstiraden die Schlagzeilen. Ein regelrechte öffentliche Empörungswelle bricht über Karen Matthews herein. Unter anderem wird sie etwa als „die Mutter aller Lügen“ betitelt. Die große öffentliche Anteilnahme, die ihr zuteil wurde, verwandelt sich schlagartig in blankes Unverständnis: Wie kann eine Mutter ihrer Tochter so etwas Entsetzliches antun? Die Meinung des Chef-Ermittlers der Polizei in West Yorkshire Andy B. ist klar:

„Karen Matthews ist das pure Böse" und in den Zeitungen wird Karen als „Britanniens schlechteste Mutter“ betitelt. Auch Jahre später, 2020, hat die britische Presse noch immer ein genaues Auge auf diese Frau, informiert die Öffentlichkeit über jeden Schritt der verhassten Person und natürlich auch mit Hingabe über jeglichen Fehltritt.

Während des nun folgenden Gerichtsprozesses, den die Briten intensiv verfolgen, kommt die schreckliche Wahrheit über die Verschwörung zutage. Dabei offenbart sich, dass hier solche Gefühle wie Mutterliebe und elterliche Fürsorge offensichtlich für Karen Matthews Fremdwörter sind. Tatsächlich sieht es so aus, dass Donovan und Matthews die komplette Entführungsgeschichte lediglich inszeniert haben, um eine hohe Belohnung einzuheimsen und sich dadurch zu bereichern. Dass ihnen am Ende sogar mehr als 50.000 Pfund winkten, war ein besonders angenehmer Nebeneffekt, der sich allerdings erst durch das öffentliche Interesse und Mitleid ergeben hat.

Geplant war von den beiden nämlich, Karens Tochter am Ende unversehrt freizulassen. Donovan würde dann so tun, als hätte er sie durch Zufall entdeckt und gemeinsam mit dem Mädchen zu einem Polizeirevier gehen. Die ihm dann zustehende Belohnung sollte zwischen ihm und Karen aufgeteilt werden.

Wer gedacht hätte, dass sich die beiden Komplizen gegenseitig schützen und lieber schweigen, als den anderen zu verraten, wird schwer enttäuscht. So etwas wie „Ganovenehre“

gibt es hier nicht. So versucht sich Donovan zu entlasten, indem er zu Protokoll gibt, dass er sich lediglich ein paar Tage um Shannon kümmern sollte. Karen habe ihm sogar Gewalt angedroht, wenn er nicht mitspielen würde. Sie hingegen beteuert am 27. November unter Tränen, dass sie rein gar nichts mit der Entführung zu tun gehabt hätte. Vielmehr habe ihr Lebensgefährte, Craig Meehan, ihr unter Androhung von Gewalt befohlen, die Schuld auf sich zu nehmen. Im Kreuzverhör sagt ihr deshalb der Staatsanwalt auf den Kopf zu, sie würde „eine Lüge nach der anderen" erzählen.

Doch damit nicht genug: Karen versucht darüber hinaus sogar ihre Mutter in das Ganze hineinzuziehen. Angeblich habe diese die ganze Zeit gewusst, wo sich Shannon befand; als Beweis soll ein Gespräch mit dem Vater dienen. June Matthews, die Mutter von Karen, kann diese Anschuldigung jedoch entkräften. Denn bis zu Tod und der Beerdigung ihres Vaters hatte Karen aufgrund einer Entfremdung nachweislich längere Zeit keinen Kontakt mehr zu ihm.

Erschütternd ist auch, was der forensische Toxikologe zu berichten hat, der Shannons Haare untersuchte. Es stellt sich nämlich heraus, dass sie nicht nur während der 24 Tage unter Drogen gesetzt wurde, sondern schon vorher regelmäßig ein Benzodiazepin, genauer Temazepam, verabreicht bekam – und zwar vermutlich bis zu 20 Monate lang! Dieses wirkt stark beruhigend und wird daher als Schlafmittel eingesetzt. Allerdings machen diese Mittel schon nach kurzer Zeit abhängig.

In Bezug auf Craig Meehan stellt sich heraus, dass er nicht in die Entführungs-Verschwörung involviert ist. Aufgrund der kinderpornographischen Inhalte auf seinem Computer erhält er eine Haftstrafe über 20 Wochen. Allerdings tauchen zahlreiche Fragen hinsichtlich seiner Person auf: Was für eine Art von Beziehung hatten der 22-Jährige und die ältere Karen Matthews, wenn er in die ganze Angelegenheit nicht eingeweiht war oder keine Rolle darin gespielt hat? Immerhin war er die ganze Zeit über hautnah dabei, an der Seite seiner Lebensgefährtin. Hätte ihm nicht etwas auffallen müssen, zum Beispiel ihr teilweise eher emotional unbeteiligtes Verhalten? Und besteht gegebenenfalls ein Zusammenhang mit seinen offensichtlich vorhandenen pädophilen Vorlieben? Die genaue Rolle von Meehan wird in der Folgezeit im öffentlichen Diskurs noch viele Fragen aufwerfen.

Am 4. Dezember werden schließlich am Leeds Crown Court die Urteile verkündet: Donovan ist schuldig der Entführung sowie der Freiheitsberaubung, Matthews der Kindesmisshandlung sowie der Strafvereitelung. Beide werden zu je acht Jahren Gefängnis verurteilt.

Der Richter bezeichnet diese Tat in der Urteilsverkündung als „wirklich verabscheuungswürdig“. Des Weiteren wird Karen das Sorgerecht für alle sieben Kinder entzogen, diese kommen in unterschiedliche Pflegefamilien. Zu ihrem Schutz erhalten Shannon und die anderen zudem eine neue Identität.

Karen hat letztlich Glück: Nach gerade einmal vier Jahren kommt sie im Jahr 2012 aus der Haft frei. Sie erhält ebenfalls zum Schutz eine neue Identität und zieht in den Südwesten Englands, wo sie sich ein neues Leben aufbauen will. Sie hat nicht nur ihr Äußeres verändert, sondern ist wiedergeborene Christin geworden und arbeitet im sozialen Bereich. Sie hofft außerdem wieder Kontakt zu ihren Kindern zu bekommen, weil sie sich ohne diese so einsam fühlt. Allerdings zeigt sich, dass Karen auch jetzt noch immer hart am Rande der Legalität unterwegs ist. So ließ sie sich von einem Rentner aushalten, dessen Frau sie pflegte. Bei anderer Gelegenheit unterschlug sie Gratis-Brötchen für Obdachlose und verkaufte diese lieber auf eigene Rechnung an Bedürftige.

Eine alte Freundin von Matthews, Julie Bushby, hat sich in der letzten Zeit zu Wort gemeldet. Sie ist davon überzeugt, dass Karen zumindest nicht die Hauptschuldige in der Entführungs-Verschwörung gewesen sein kann und fordert öffentlich sogar die Wiederaufnahme des Verfahrens. Bushby sieht Matthews eher als eine Art Opfer und vermutet, dass diese sich zu dem Zeitpunkt von Craig Meehan habe trennen und aus der gemeinsamen Wohnung ausziehen wollen. Deshalb habe sie Shannon schon vorab bei Meehans Onkel einziehen lassen. Doch aufgrund des Drucks von Freunden und Familie sei sie im letzten Moment vor der Trennung zurückgeschreckt und habe sich die Entführung als Versuch einer Erklärung, für das Verschwinden ihrer Tochter, ausgedacht. Bushby ist allerdings auch der Ansicht, dass Matthews sich eine derart komplexe Täuschung gar nicht habe ausdenken können. Wahrheit oder der Versuch noch etwas Gutes in einer alten Freundin zu sehen?

An Weihnachten 2019 verlobt sich Karen Matthews mit einem Handwerker. Monate zuvor beteuerte sie Journalisten gegenüber: „Ich bin nicht die schlechteste Mutter Großbritanniens." Ihre Begründung ist verblüffend: „Ich habe niemanden getötet." Sie glaubt dies tatsächlich, denn auf ihrem Nachttisch steht ein Deko-Objekt, wie es zu hunderttausenden in Geschenkläden, Andenkenshops und auch in Supermärkten für kleines Geld zu erstehen ist. Es ist ein verschnörkelter, sentimentaler Schriftzug, der mit bunter Farbe verziert ist. Das Dekor steht neben einem Foto von Matthews Kindern, die seit langem schon nichts mehr mit ihr zu tun haben wollen und trotz ihrer Bitten den Kontakt verweigern. Das Ornament besteht aus einzelnen Buchstaben, die aneinander gereiht ergeben: Best Mum ...

Kapitel 6:

„Britain’s most wanted man“

(von Puppies and Crime)

Im 11. Oktober 2015 hat sich mein Leben für immer verändert", sagt Tracey Hanson in einem Interview. Sie hat Tränen in den Augen, ihre Stimme zittert.

"Er wurde uns auf die schrecklichste Art und Weise genommen – plötzlich, abrupt, bösartig und gewalttätig. Ich habe keine Worte, die den Schmerz nur annähernd wiedergeben können, der mich jeden Tag verzehrt, aber wir werden für immer allen dankbar sein, die dazu beigetragen haben, Joshs Mörder nach vier langen, schmerzhaften Jahren vor Gericht zu bringen.

Dies war eine unvorstellbar schwierige Reise und zusammen mit der Polizei möchten wir uns ganz besonders bei Freunden, Familie und der Öffentlichkeit bedanken, die uns durch unsere dunkelsten Stunden geholfen haben, mit Nachrichten der Unterstützung und Hilfe beim Teilen von Joshs Geschichte.

Während wir Gerechtigkeit erfahren haben, wurde ich zu einer lebenslangen Strafe ohne unseren wundervollen Josh verurteilt."

Alles beginnt 21 Jahre vor der Tat, die 2015 das Leben von Tracy Hanson so vollkommen aus den Fugen geraten ließ.

Josh Hanson wird am 27. Februar 1994 im Central Middlesex Hospital geboren – es ist ein Sonntag. Er ist ein aufgewecktes Kind, neugierig auf die Welt und das Leben. Er besitzt einen sanften, freundlichen Charakter und ein ansteckendes Lachen. Seine große Schwester Brooke ist vier Jahre älter, die beiden gehen zusammen durch dick und dünn, kümmern sich um einander und stehen füreinander ein. Zwischen ihnen besteht eine innige Geschwisterliebe, die fortbesteht. Auch im Erwachsenenalter bleiben die beiden unzertrennlich, fahren gemeinsam mit Freunden in den Urlaub, gehen tanzen und trinken.

Josh ist am West Herts College in Watford eingeschrieben, wo er Sportwissenschaften studiert. Sein Ziel ist es, einmal ein erfolgreicher Personal Trainer zu sein.

In den Sommersemesterferien will Josh die freie Zeit nutzen, um Geld zu verdienen und Arbeitserfahrung zu sammeln. Er bewirbt sich auf eine Stelle in der Verwaltung von Standmore Quality Surfacing Ltd., einem Straßenbauunternehmen und wird direkt eingestellt. In der Firma ist man von Josh begeistert, freut sich über das neue, angenehme Teammitglied, das nicht nur gute Arbeit leistet, sondern auch mit allen klarkommt, und erwartet Großes von Joshs Zukunft.

Es ist der 11.Oktober 2015. Ein gewöhnlicher englischer Herbsttag. Es ist wolkig und kühl bei schwachem Wind und Josh begleitet seine Freundin ins Krankenhaus. Dort besuchen sie ihren kranken Vater, um diesem etwas Gesellschaft zu leisten. Nachdem sie sich verabschiedet und das Krankenhaus verlassen haben, wollen sie den Abend entspannt im Kreis von Freunden und Familie ausklingen lassen. Sie gehen in die RE Bar in Hillingdon, einem Stadtbezirk im Norden von London. Der Abend verläuft fröhlich, die Stimmung ist ausgelassen, die Bar ist prall gefüllt. Menschen lachen, trinken und feiern wie an jedem Wochenende.

Das fröhliche, sorglose Treiben sollte jedoch bald ein jähes Ende finden.

"Last order", heißt es um 1 Uhr morgens und der Barmann läutet die letzte Runde ein. In Kürze ist Sperrstunde.

Ein Mann, Anfang 30, steht auf und verlässt den Tisch, an dem er und seine Freunde zuvor saßen. Er geht schnurstracks auf Josh zu, der gerade an der Bar steht, um eine letzte Runde Getränke für sich und seine Freunde zu bestellen.

„Was ist dein Problem?“, fragt der Mann mit einem Mal Josh. Der Tonfall ist aggressiv, herausfordernd. Josh fühlt sich von dem Fremden dennoch nicht angesprochen. Er kennt ihn nicht, hat ihn noch nie zuvor gesehen. Plötzlich bewegt der Mann seine rechte Hand, zückt ein Messer!

Die Bewegung ist blitzschnell, alles dauert nur Sekundenbruchteile. Momente, in denen der Fremde Josh einen Schnitt mit dem Messer verpasst. Einen langen, tiefen Schnitt! Mit wütender Energie wird der Hieb geführt und hat schlimmste Konsequenzen. Der Schnitt geht vom Ohr über den Hals bis zur Brust. 37 Zentimeter lang.

Alles geht viel zu schnell. So schnell, dass die Anwesenden zunächst erst gar nicht realisieren, was hier gerade vorgefallen ist. Dann sind sie vor Schock wie gelähmt. Die Blutung kann nicht gestoppt werden. Josh erleidet einen grausamen Tod und verblutet an Ort und Stelle, in der vollen Bar, zwischen Freunden und Unbekannten, inmitten der Menschen, mit denen er gerade eben noch ausgelassen gefeiert hat und die nun erst mit Schrecken realisieren, was da gerade eben passiert ist.

"Wir waren 10 Minuten entfernt, wir haben nie die Gelegenheit bekommen, uns zu verabschieden“, beschreibt Tracey, die Mutter ihren Schmerz und ihre Trauer. „Mir wurde mein Platz als Joshs Mutter verwehrt. Er lag allein auf dem kalten Boden, ich konnte ihn nicht in meinen Armen halten, um ihn zu trösten oder zu beruhigen, um ihm Hoffnung zu machen, dass alles in Ordnung kommen würde." Sie leidet extrem unter der Tatsache, dass sie in den letzten Momenten ihres geliebten Sohnes nicht an seiner Seite sein konnte.

Der fremde Angreifer verlässt die Bar nach seiner Tat still, ruhig und heimlich. Er haut ab. Flieht direkt, um sich nicht für das verantworten zu müssen, was er kurz zuvor getan hat. Sein Name ist Shane O'Brien. Shane kam in Ladbroke Grove zur Welt, er ist 1.82 m groß, hat graue Augen und braune Haare. Er ist zweifacher Vater und großer Box- und Kampfsportfan.

Seine Flucht und die Suche nach ihm werden ganz England für die kommenden Jahre in Atem halten. Bald bekommt er daher von der Presse den bezeichnenden Titel "Britain's Most Wanted Man" verliehen.

Nach seiner brutalen Tat versteckt er sich zunächst in einer Wohnwagensiedlung in Camber Sands, East Sussex. Als die Polizei einen Facebook Aufruf startet, indem sie die Bevölkerung um Mithilfe bitte, wird O'Brien vom Personal der örtlichen Kneipe identifiziert. Auch seine Fingerabdrücke wurden zuvor auf einem Glas in der Kneipe gefunden. Er flieht wieder. Und er ist damit erfolgreich. Bevor die Polizei ihn festnehmen kann, schafft er es, mithilfe von "Vanessa" in einem Privatflugzeug von England aus in die Niederlande zu fliegen. Wer sich hinter dem Namen "Vanessa" verbirgt, wird nie geklärt werden. Sicher ist, dass der- oder diejenige nicht die einzige helfende Hand sein wird, die Shane bei seiner andauernden Flucht vor der Justiz unter die Arme greift.

Obwohl er nun außer Landes ist, sucht die Polizei weiter mit Hochdruck nach O'Brien.

MURDER. 50.000 GBP REWARD. (ca. 59 000 Euro Belohnung) Die Plakate der Polizei scheinen allgegenwärtig und nehmen den öffentlichen Raum ein. Auch Interpol und Europol werden miteinbezogen in die Fahndung. Die länderübergreifenden Organisationen führen O'Brien auf ihren „Meistgesucht"-Listen auf.

Doch Shane ist clever und gewitzt, er weiß, wie er unter dem Radar fliegen und sich dem Zugriff der Polizei entziehen kann. Es beginnt ein regelrechtes Katz-und-Maus-Spiel. Eine schreckliche, zermürbende Zeit für die Familie von Josh, die inständig hofft und betet, dass der Mörder ihres Sohnes und Bruders schnellstmöglich für die schreckliche Tat zur Verantwortung gezogen wird.

Der Täter aber zieht alle Register: Um der Festnahme zu entgehen, lässt Shane O'Brien sich Haare und Bart wachsen und verändert so sein Äußeres. Das Geburtsdatum seines Kindes, das als Tattoo seinen Körper ziert, lässt er überstechen. Er beschafft sich sogar gefälschte Ausweispapiere.

Lange geht die Flucht gut. Mit der Hilfe von Freunden gelingt ihm das Leben im Untergrund. Er reist nach Dubai, Deutschland, Tschechien und Belgien. Wechselt immer wieder aufs Neue seinen Aufenthaltsort. Ehe ihn die Behörden aufspüren können, zieht der junge Mann schon wieder weiter.

2017 wird O'Brien unter dem Alias "Enzo Melloncelli" wegen Körperverletzung festgenommen. Doch erneut kommt ihm der Zufall zu Hilfe: Er wird auf Kaution freigelassen bevor die

Polizeibeamten merken, dass dieser Enzo Melloncelli in Wirklichkeit Shane O'Brien heißt und ein international gesuchter Mörder ist.

Für Shane ist es ein Warnschuss. Ein Zeichen, dass es wieder mal an der Zeit ist, die Zelte abzubrechen und weiterzuziehen. So ist Shane längst untergetaucht, als die Beamten ihren Fehler endlich bemerken. Ein Fehler, der Shane noch zwei weitere Jahre Freiheit schenkt.

Trotz dieses Fehlschlags geht die fieberhafte Suche, die Verfolgungsjagd nach dem Mörder von Josh weiter. Noch immer ist das Verbrechen in den Köpfen präsent und die Ermittlungen laufen nach wie vor mit Hochdruck.

Am 23. März 2019 kommt endlich die erlösende Nachricht! Shane O'Brien wird in Rumänien verhaftet und am 5. April 2019 nach Großbritannien überführt. Hier wird ihm schließlich auch der Prozess gemacht.

Dabei treibt alle – die Familie von Josh, die Richter, die Welt – eigentlich nur eine einzige Frage um: Warum? Wieso tötete Shane O'Brien den ihm unbekannten Josh? Was treibt einen Menschen dazu, einen völlig Fremden plötzlich mit dem Messer anzugreifen, ihn aufzuschlitzen und somit zu töten? Vor den Augen der ganzen Anwesenden in der Bar? Wie kommt es zu einem so vollkommen unvermittelten und zugleich extremen Gewaltausbruch?

Als Shane sich im Prozess mit dieser Frage konfrontiert sieht, klingt seine Antwort so banal wie absurd. Seine schlichte Begründung: Joshs Körpersprache habe aggressiv auf ihn gewirkt.

„Ich fühlte mich bedroht, als ich auf ihn zuging, und habe es für möglich gehalten, dass er bewaffnet ist."

„Haben Sie eine Waffe gesehen?", fragt daraufhin der Staatsanwalt. Die Antwort lautet – Nein. Eine kurze Antwort, die Bände spricht.

Es ist eine Entgegnung, die viele Fragen aufwirft: Wieso hielt O'Brien Josh für bedrohlich? Wieso war er nicht in der Lage einfach wegzugehen? Der vermeintlichen Bedrohung aus dem Weg zu gehen? Wieso trug er an dem Abend überhaupt ein Messer bei sich? Was geht in einem Mann vor, der ohne zu Zögern entscheidet, in Sekundenschnelle ein Menschenleben auszulöschen?

Auch die Videos der Überwachungskamera werden ausgewertet, alle hoffen auf weitere Erkenntnisse – jedoch Fehlanzeige. Es lassen sich keine Besonderheiten auf den Aufnahmen ausmachen. Business as usual. Die Jury und der Staatsanwalt können kein Verhalten erkennen, das die Tat von Shane hätte provozieren können.

O'Briens Version der Ereignisse des Abends ist natürlich ganz anders. Er empfand, dass Joshs Gruppe nicht glücklich darüber gewesen sei, dass er an diesem Abend an einem Tisch in ihrer Nähe saß. Feindseligkeit hätte in der Luft gelegen.

„Diese Bar ist sehr klein. Schon die Körpersprache allein kann eine Atmosphäre schaffen“, erklärt der Täter auf der Suche nach Gründen für sein Handeln.

„Das kann sie durchaus, wenn Sie danach suchen, Mr. O'Brien“, erwidert der Staatsanwalt.

Soll die Enge in einem mit feiernden Menschen gefüllten Raum also der Grund für den kaltblütigen Mord gewesen sein?

Shane fügt hinzu: "Ich versichere aus tiefstem Herzen, ich wollte ihn nicht mit dieser Klinge berühren." Er erklärt dem Gericht, er habe Josh lediglich Angst einjagen wollen. Einfach nur „so tun als ob“ er ihn verletzen würde.

Die Jury schenkt dieser Geschichte keinen Glauben, sie halten die Erklärungen von O’Brien schlicht für Ausflüchte. 55 Minuten Besprechungszeit reichen den Geschworenen, um ein Urteil zu fällen: Schuldig im Sinne der Anklage. Das Urteil: 26 Jahre wird Shane O'Brien für den Mord an Josh Hanson mindestens in Haft verbringen.

Das Verfahren endet mit den folgenden Worten des Richters:

„Das war ein grotesker, gewalttätiger und völlig unnötiger Angriff auf einen unschuldigen Mann. Der Grund, warum Sie sich so verhalten haben, kann nie vollständig erklärt werden. Sie kennen jedoch den Grund."

Selbst wenn Shane weiß, weshalb er an diesem Abend so brutal vorging – für die Angehörigen seines Opfers ist dies nicht von Belang. Was bringt es Joshs Mutter Tracey und seiner Freundin Brooke noch zu wissen, aus welchem Grund sie ihren geliebten Josh verloren haben? Keine Erklärung kann ihn jemals wieder zurückbringen. Seine Freundin wird dieses traumatische Ereignis und die Bilder des Abends wohl nie aus Ihrem Gedächtnis verdrängen können. Es bleibt die schmerzliche Erinnerung an Josh und sein Leben, das ein viel zu frühes Ende gefunden hat.

Zwischen all der Trauer und dem Trauma gelingt es Joshs Familie dennoch, ein bisschen Kraft zu schöpfen, um etwas zu schaffen, dass die Erinnerung an Josh bewahren soll.

Mutter Tracey gründet den Josh Hanson Trust, eine Stiftung, deren Ziel es ist, gegen Messer-Angriffe und -Attacken vorzugehen und diese aufzuklären. Sie möchten Alternativen aufzeigen und ein Umdenken in den Menschen anregen. Erklärtes Ziel ist es, Schicksale wie das von Josh zu vermeiden, sodass keine Söhne und Töchter mehr sinnlos aus dem Leben gerissen werden. Die Mutter bezeichnet dieses Projekt als ein

„Vermächtnis des Positiven, der Liebe und des Mitgefühls in Joshs Namen“, so drückt sie es aus.

Sie ist sich sicher: So hätte Josh es auch gewollt.

Kapitel 7:

Ein majestätisches Nachthemd

Als im Sommer 1982 die Details dieses Falls herauskommen, bedeutet dies beinahe das Ende der politischen Karriere des britischen Innenministers Willie Whitelaw. Dabei war der 1. Viscount Whitelaw ein wichtiger Berater von Premierministerin Maggie Thatcher, der der „Eisernen Lady“ vor allem in der Falklandkrise von April bis Juni 1982 zur Seite stand. Der konservative Politiker schottischer Abstammung sieht sich quasi über Nacht gezwungen, seinen Rücktritt anzubieten. Denn er ist außerstande, die desaströsen Sicherheitslücken und -fehler zu erklären, die in der Nacht des 9. Juli sowie vier Wochen zuvor offenbar wurden. Und das Ganze passiert ausgerechnet im Buckingham Palace ... Die Queen ist mehr als „not amused“. Auslöser des Debakels, das sogar die Karriere anderer wichtiger Politiker bedroht und weltweit für Aufsehen sorgt, ist ausgerechnet ein Ire mit einem verschmitzten Lächeln, der weiß, was die Queen nachts im Bett trägt.

Der Brite irischer Abstammung Michael Fagan wird 1950 als erstes von insgesamt drei Kindern von Michael und Ivy Fagan in Clerkenwell, London geboren. Sein Vater ist Stahlbauer und nebenbei auch ein meisterhafter Schlossknacker. Allerdings hält Michael junior es nicht lange zu Hause aus, angeblich kommt es zu Problemen, weil sein Vater damals trinkt und dann gerne mal handgreiflich wird. Mit 16 Jahren zieht der Sohn daher aus, bleibt aber in London und findet Arbeit als Maler und Dekorateur, wobei er jedoch in seinem Leben niemals so richtig heimisch werden wird in der „normalen Arbeitswelt". Vielmehr pendelt Fagan junior zwischen Kleinkriminalität, Drogen und wiederkehrenden Schwierigkeiten, in die er sich mit einem meisterhaften Geschick hineinmanövriert. Sein Vater wird ihn später als sehr zufriedenen, fröhlichen Menschen beschreiben, der stets sofort einen guten Draht zu anderen Menschen hat und locker mit ihnen plaudern kann. Tatsächlich hat Michael Fagan eine ausgesprochen entspannte Ausstrahlung. Um die Augen des dunkelhaarigen, schlanken Mannes, mit den vollen Lippen, befinden sich zahlreiche Lachfältchen, die ein sichtbares Zeichen dafür sind, dass man es hier mit einem Mann voller ungewöhnlicher Ideen und Humor zu tun hat. Es wirkt immer ein wenig so, als würde er sich gerade insgeheim über etwas amüsieren.

1982 ist Fagan 32 Jahre alt, hat wieder einmal keine Anstellung und zudem kriselt es in der Beziehung mit seiner Frau Christine, mit der er zu diesem Zeitpunkt bereits 10 Jahre verheiratet ist und vier gemeinsame Kinder hat. Als Christine ihn am 7. Juni verlässt, ist dies ein echtes Drama für den lebenslustigen Mann, das ihn völlig aus der Bahn wirft. Und auch in der Nacht auf den 9. Juli, einen Monat später, beschäftigt ihn seine Ehekrise noch immer intensiv. Obwohl Fagan einen feuchtfröhlichen Abend im Pub verbracht hat, fühlt er sich nach wie vor komplett durcheinander. Über das, was dann folgt, gibt es mindestens zwei unterschiedliche Versionen: Die amüsantere berichtet, dass der betrunkene Fagan im Pub eine verrückte Wette mit einigen Gästen um jeweils 5 Pfund eingegangen ist. Er will es schaffen, die Queen zu sehen. Mit den eingesammelten Wettbeträgen in der Tasche ruft sich der arbeitslose Maler und Dekorateur ein Taxi, das ihn zum Buckingham Palace bringen soll. Dem Fahrer erklärt Fagan sogar, was er vorhat – der lacht über den vermeintlichen Witz des Betrunkenen jedoch nur. Denn der junge Mann will die Queen überzeugen, ihm einen Kuss zu geben.

Laut einer anderen Version wandert der völlig verzweifelte Fagan ziellos in den Straßen der britischen Hauptstadt herum, bis er plötzlich realisiert, dass er vor dem Buckingham Palace gelandet ist. Und in diesem Moment soll ihm ein komplett verrückter Gedanke gekommen sein.

Fagan klettert im Schutz der Nacht über das Tor, das sich in der Nähe der Ambassador's Residence befindet. Er hält sich eine Weile in dem Raum auf, in dem sich die königliche Briefmarkensammlung befindet, die von König Georg V. angelegt wurde und mehrere Millionen Pfund wert ist. Was der Eindringling nicht weiß, er löst hier zweimal versehentlich einen Alarm aus – doch unglaublicherweise wird der einfach ignoriert und von der Polizei ausgeschaltet. Hier geht man davon aus, dass es sich um Fehlalarme handelt.

Schließlich setzt Fagan seine Expedition durch den Palast fort. Die neun Meter hohen, mit Stacheldraht bewehrten Mauern können ihn nicht abschrecken, er klettert über eine hinweg und zieht sich dann an einer Regenrinne weiter empor - bis hoch aufs Dach. Auch hier löst er Alarm aus bzw. hätte dies getan, wenn die Alarme korrekt aktiviert gewesen wären. Auf dem Dach zieht sich der talentierte Fassadenkletterer, der ungepflegt und „leicht beschwipst" ist, die Sandalen aus, die er in dieser warmen Sommernacht trägt, und lässt sie einfach dort zurück. So geht es sich leichter. In schwindelerregender Höhe wartet Fagan einen Moment, um einen günstigen Augenblick abzupassen. Über einen kleinen Vorsprung an der Fassade findet der Draufgänger den Zugang in den Palast, denn ausgerechnet im Trakt der Gemächer der königlichen Familie steht ein Fenster offen.

Im Inneren angekommen, beginnt der Eindringling ein wenig in den Korridoren herumzuschlendern. Obwohl es bereits kurz vor 7 Uhr morgens ist, herrscht noch relative Ruhe, sodass Fagan die Eindrücke auf sich wirken lassen kann. Er ist ein wenig enttäuscht, denn die Wohnstätte der Royals wirkt seiner Meinung nach sehr gewöhnlich und es sei kein Geld für Deko verschwendet worden. Fagans Eindruck nach ist alles „staubig", mit „knarrenden Dielen".

Auf seiner Wanderung begegnet Fagan sogar einem Hausmädchen, das glaubt, er sei ein Angestellter – trotz seines ungepflegten Äußeren und der fehlenden Schuhe. Da sie der Ansicht ist, dass Sicherheitsangelegenheiten nicht zu ihrem Zuständigkeitsbereich gehören, hält sie den Mann nicht auf. Auch im Gebäude setzen sich die Probleme mit den Alarmanlagen fort. Entweder halten die Wächter die Signale für einen Fehlalarm und stellen sie ab oder die Anlagen sind nicht aktiviert beziehungsweise defekt.

Ob Fagan auf seiner „privaten Sightseeingtour" tatsächlich einen schweren Kristallaschenbecher heruntergestoßen und sich dabei an der Hand verletzt hat, wie teilweise berichtet wird, ist unklar. Angeblich soll er die große Scherbe weiter mit sich herumgetragen haben. Er selbst verzichtet auf die Schilderung dieses Details.

An diesem Morgen passt alles zusammen, denn als Fagan an den privaten Gemächern der Queen vorbeischlendert und Gemälde betrachtet, ist der Sessel des Leibwächters vor der Tür leer. Paul Whybrew hat seine Wachposition kurz verlassen, um die Wachhunde von Queen Elisabeth II., eine britische

Hunderasse namens Corgis, auszuführen. Vermutlich ist der leere Sessel das Anzeichen für Fagan, dass hier eine bedeutende Persönlichkeit schläft. Und der angetrunkene Mann hält es für eine exzellente Idee, einmal nachzusehen, wie eine Königin so schläft.

Vorsichtig öffnet er die Tür und betritt das Schlafzimmer gegen 7 Uhr früh. Der Mann ist überrascht, dass der Raum kleiner ist, als er es sich vorgestellt hat. Die Ausstattung und Dekoration beschreibt er als „sehr schlicht". Leise tritt er an das Bett heran, um das Vorhänge angebracht sind. Fagan zieht einen Vorhang zur Seite und steht plötzlich direkt vor der Königin Großbritanniens, die tief und fest unter ihrer Federdecke in ihrem Doppelbett schläft. Allein. Was Fagan überrascht, denn der hat auch ihren Ehegatten Prinz Philipp erwartet.

Dann wacht Queen Elisabeth II. plötzlich auf und fährt hoch!

Über das was nun folgt, existieren wiederum zwei Versionen. In den Medien wird berichtet, dass Fagan sich an das Fußende des Bettes setzt und rund zehn Minuten mit der Königin plaudert. Angeblich ist die Konversation ein Versuch, den Eindringling zu beruhigen und ihn so lange in Sicherheit zu wiegen, bis Hilfe kommt. Währenddessen soll die Queen mindestens zweimal den Alarm unter ihrem Bett ausgelöst haben – jedoch ohne Erfolg, denn der Alarmknopf ist nicht angeschlossen. Als Fagan sie schließlich um eine Zigarette bittet, ruft sie einen Lakaien, der wiederum die Polizei alarmiert.

Laut einer anderen Version soll Fagan gedroht haben, sich mit der mitgebrachten Kristallscherbe die Pulsadern aufzuschneiden. Nachdem die Queen den Alarm ausgelöst hat, kann sie Fagan gemeinsam mit einem Zimmermädchen in eine nahegelegene Teeküche locken, als der nach einer Zigarette fragt.

Die Version, die Fagan 30 Jahre später erzählt, ist deutlich unspektakulärer – aber vermutlich näher an der Realität. Als die damals 56-jährige Queen sich schlagartig aufsetzt, ruft sie nur: „Raus hier! Raus hier!“ und springt aus dem Bett. Der Mann ist mindestens so schockiert wie die kleine Frau da vor ihm und fängt an zu zittern. „Was tun Sie hier eigentlich?!“, fragt die Königin ihn noch mit schneidender Stimme, ehe sie barfuß aus dem Zimmer läuft.

Dabei erhascht der Einbrecher noch einen Blick auf das knielange Nachthemd der Queen, ein Modell mit einem farbenfrohen, großflächigen Liberty Print – ein Detail, das im Nachhinein noch für reichlich Furore in den Medien sorgen wird.

Vor der Tür stößt Elisabeth II. schließlich auf ihren Leibwächter Paul Whybrew, der vom Gassigang wieder zurück ist. Der unbewaffnete Lakai wird Fagan bis zum Eintreffen der Polizei nicht aus den Augen lassen. Allerdings entgeht ihm der aufgelöste Zustand des Eindringlings nicht. Deshalb spricht er ihn an: „Kumpel, du siehst aus, als könntest du dringend einen

Drink gebrauchen“ und nimmt Fagan mit in die Teeküche der Queen. Dort schenkt er ihm einen ordentlichen Schluck Whiskey der Marke „Famous Grouse“ aus dem Privatvorrat der Queen ein. Gemeinsam warten die beiden dann auf die Polizei.

Dieser schier unglaubliche Vorfall sorgt für viel Aufsehen, vor allem weil bei den Ermittlungen herauskommt, dass der abenteuerlustige Ire Fagan vier Wochen zuvor bereits schon einmal im Buckingham Palast unterwegs gewesen ist.

Rund einen Monat zuvor, in der Nacht des 7. Juni, bricht Fagan zum ersten Mal im Palast ein. Kurz nachdem Christine mit ihm Schluss gemacht hat. Während er im Juli nur etwa eine Stunde im Buckingham Palace herumstromert, kann er an dem Abend fast die komplette Nacht im Gebäude zubringen und es schließlich unentdeckt wieder verlassen. Auch bei dieser Gelegenheit versucht Fagan, die Regenrinne hinaufzuklettern, schafft es allerdings nicht. Dann klettert er durch ein offenes Fenster in den Schlafraum eines Zimmermädchens – das allerdings anwesend ist. Die völlig entsetzte Frau läuft sofort zum Sicherheitsdienst. Doch als der das Zimmer untersucht, hat sich Fagan bereits davongemacht. Er schleicht unentdeckt die Korridore entlang, stöbert da und dort durch die Räume. So betritt er beispielsweise ein Zimmer, das vollgestopft ist mit Geschenken für den neugeborenen Sohn von Prinz Charles und Prinzessin Diana, Prinz William, der zwei Wochen zuvor auf die Welt gekommen ist. Jede Menge Teddys und Tassen.

Bei dieser Erkundungstour kann er die Gemächer der Queen nicht entdecken, stattdessen kommt Fagan an Räumen vorbei, an denen Schilder mit den Namen „Diana“ und „Charles“ sind. Er gönnt sich ein paar Cracker mit Käse, die herumstehen, und spielt in einem Thronsaal „Goldlöckchen und die drei Bären“. Er probiert jeden Thronsessel aus und versucht herauszufinden, auf welchem wohl die Queen sitzt. Dabei bewundert der Einbrecher die Kunstwerke an den Wänden.

Allerdings sucht Fagan vor allem nach einer Toilette. Obwohl alle Räume Schilder mit Namen darauf haben, kann er nirgendwo die rettenden Worte „WC“ entdecken. Auf den teuren Teppichen will er sich nur ungern erleichtern. Als er irgendwann ein paar Schalen mit der Aufschrift „Corgi Futter“ sieht, ist das seine Gelegenheit ...

Bei dieser Gelegenheit betritt er das Zimmer von Prinz Charles, der jedoch nicht anwesend ist. Hier bedient sich Fagan an einer Flasche Wein, den er auf einem Regal findet. Ein billiger Tropfen aus Kalifornien, wie er später immer hinzusetzt. Er setzt sich an den Schreibtisch, legt die Füße auf die Tischplatte. Da Fagan keinen Korkenzieher finden kann, drückt er den Korken in die Flasche und genehmigt sich den halben Inhalt. In diesem Moment fragt er sich plötzlich: „Oh, mein Gott, wo bin ich gerade?“ und beschließt, schnellstmöglich zu verschwinden.

Tatsächlich stellt es sich als deutlich schwieriger heraus, aus dem Buckingham Palace hinaus zu kommen, als hinein. Irgendwann findet Fagan aber schließlich eine Tür, durch die er in den hinteren Garten gelangt. Er muss nur noch über eine Mauer klettern, dann befindet sich der Eindringling wieder wohlbehalten auf der großen Prachtstraße „The Mall“.

Einige Tage nach dieser ersten Palast-Expedition wird Fagan wegen Autodiebstahls verhaftet und muss drei Wochen lang in Haft. Er hatte in London einen Pkw geklaut, um seiner Frau nach Stonehenge hinterher zu fahren. Am 8. Juli ist der Ire wieder auf freiem Fuß – und direkt einen Tag danach, am Dienstag, steigt er zum zweiten Mal im Buckingham Palast ein.

Warum er das getan hat, kann Fagan bis heute nicht erklären. Er vermutet, dass Magic Mushrooms schuld gewesen sein könnten. Denn fünf Monate zuvor habe er Magic Mushrooms in seine Suppe getan – aber nicht die kleine Handvoll wie empfohlen, sondern eine ordentliche Menge. Zwei Jahre später hätte er immer noch das Gefühl gehabt, dass er gerade erst langsam von dem Trip runterkommt. Drogen sind tatsächlich etwas, das in Fagans Leben immer wieder eine große Rolle spielt.

Die extremen Sicherheitsmängel im Buckingham Palace, die durch Fagans Aktion offenbar wurden, stellen einen Skandal dar, der in den folgenden Tagen weltweit für Aufregung sorgt. Als oberster Dienstherr der Polizei bietet sogar der damalige britische Innenminister Willie Whitelaw seinen Rücktritt an. Das wird jedoch von der Queen höchstpersönlich abgelehnt. Allerdings werden nach dem Vorfall einige Sicherheitsbeamte ausgetauscht, Alarmanlagen im Buckingham Palace erneuert sowie generell die Sicherheitsvorkehrungen wesentlich strenger und engmaschiger gestaltet.

Ein Schock ist der Vorfall zudem für die Familie Fagans; sein Vater regt sich derart darüber auf, dass er einen stressbedingten Herzinfarkt bekommt. Etwas, das sein Sohn sehr bedauert. Vorher hatte der Vater seinen Sohn den Medien gegenüber noch als „großen Royal-Fan" bezeichnet, der all dies nur getan habe, um zu zeigen, wie leicht es ist, in den Palast hineinzukommen.

Michael Fagan wird zwar angeklagt, doch das Ganze geht äußerst glimpflich für ihn aus. Aufgrund der massiven Sicherheitsmängel im Palast kann ihm weder ein Einbruch noch ein Hausfriedensbruch nachgewiesen werden. Das Gericht hält ihm zugute, dass die zahlreichen Defekte bzw. Deaktivierung der Alarmanlagen und auch Fehlleistungen des Sicherheitspersonals den Vorfall ermöglicht und begünstigt hätten. Letztlich kann ihm nur der Diebstahl einer Flasche Wein vorgeworfen werden – und dieses Delikt ist so geringfügig, dass der Brite irischer Abstammung nicht verurteilt wird. Was Fagan allerdings nicht umgehen kann, ist, dass er für sechs Monate in ein psychiatrisches Krankenhaus eingewiesen wird. Nach dieser Zeit wird er jedoch ohne Befund entlassen, ist also geistig gesund.

Ein Jahr später, 1983, beginnt Fagans Ruhm bereits wieder zu schwinden, deshalb produziert er gemeinsam mit der Punkrock-Band „The Bollock Brothers" eine Schallplatte, ein

Cover des bekannten Songs der legendären Sex Pistols „God Save the Queen“. Da diese Aufnahme bestenfalls als Kuriosität gelten darf, bleibt der Erfolg höchst bescheiden – und Fagan kehrt wieder zu dem zurück, was er vorher getan hat. Immer wieder kommt er – oftmals wegen Kleinigkeiten – mit dem Gesetz in Konflikt. 1984 attackiert Fagan einen Polizisten in einem Café in Wales, drei Jahre später wird er wegen unsittlicher Entblößung verurteilt. Als er wieder mit seiner Ex-Ehefrau Christine zusammenkommt, beginnt das Paar gemeinsam mit einem ihrer Söhne Heroin zu dealen. Doch die Polizei bereitet der Familienaktion ein schnelles Ende und Fagan kommt darauf hin wieder einmal 4 Jahre ins Gefängnis.

36 Jahre nach dem legendären Vorfall, bei dem Fagan das Nachthemd der Queen zu sehen bekam, ist er der Ansicht, dass er der Royal Family mit seiner Aktion eigentlich sogar einen echten Gefallen getan hat. Denn so kamen immerhin die gravierenden Sicherheitsmängel heraus; ohne wäre dies womöglich noch lange Zeit niemandem aufgefallen. So sieht es jedenfalls Michael Fagan, ob die Windsor-Familie es ähnlich empfunden hat, bleibt fraglich.

Die ließ ihm übrigens 1984 seine Sandalen zukommen, die er bei seinem „Einbruch“ auf dem Dach hat stehen lassen. Sehr zuvorkommend!

Kapitel 8:

Zerschnittene Gesichter

(von Puppies and Crime)

Levi Bellfield ist beliebt, witzig, zuvorkommend. Ein Mann, der Frauen spielend um den Finger wickelt und Männer glauben lässt, er sei ihr bester Freund. Seine Nachbarn schätzen seine Hilfsbereitschaft. Er passt auf die Wohnungen seiner Bekannten auf, wenn diese im Urlaub sind. Er ist der perfekte Freund und Nachbar. Und eine tickende Zeitbombe. Denn schaut man genauer hin, bröckelt die schöne Fassade. Eine Fassade, die er mit Bedacht sorgfältig hochgezogen hat und hinter der sich der andere Levi versteckt.

Der Levi, der geplagt von demütigenden Kindheitserinnerungen hinter der Fassade lauert, der Frauen hasst, der kontrollsüchtig ist und denkt, jeder wäre sein Feind. Noch immer kann er in seinem Kopf das Lachen der anderen Kinder hören, sie lachen ihn aus, weil er klein und schwach ist. Aber da ist noch mehr: es gehen außerdem noch unschöne Gerüchte über ihn herum. Sie nennen ihn „bugsy“, weil er mit dem Kaninchen seiner Schwester verkehrt haben soll. Auch das Kichern der schönen Mädchen, die nichts mit ihm zu tun haben wollen, hallt immer noch in seinem Kopf nach.

Dann, zu Hause als Kind sinkt Levi, nach dem Spießrutenlaufen in der feindseligen Welt, in die Arme seiner Mutter und damit seiner einzigen Vertrauensperson. Diese behandelt ihn wie das verletzte Kind, das er zu dieser Zeit anscheinend selbst in sich sieht. Bis ins Teenageralter verwöhnt sie den Jungen wie ein Kleinkind. Sie umsorgt und liebkost ihn. Levi und seine Mutter haben eine besonders enge Beziehung – eigentlich handelt es sich dabei schon um eine gegenseitige Abhängigkeit. Eine Beziehung, die ihn für immer formen soll.

Die Unsicherheit und Angst der Kindheit entwickeln sich im Laufe der Zeit zu Wut und fester Entschlossenheit. Nie wieder soll jemand über ihn lachen. Er will stark sein und männlich. Levi schreckt auch nicht davor zurück, seine Muskeln mit Steroiden aufzupumpen, um dieses Ziel zu erreichen. Als Türsteher in einem Nachtclub bestimmt nun er, wer mitmachen darf und wer draußen in der Kälte zittern muss.

Jedoch quält ihn noch immer das höhnische Lachen der schönen Mädchen aus seiner Kindheit. Er kann es nicht vergessen, noch vergeben. Vielleicht um diese Erlebnisse zu kompensieren, sucht sich Levi Partnerinnen, die er kontrollieren und dominieren kann. Sie müssen ihm sein Essen kleinschneiden und sogar vorkosten.

Während die Wut, der Hass und die Unsicherheit weiter in Levi gären, funktioniert seine freundliche Fassade. Sie hält und verschafft ihm Ansehen und das Vertrauen seiner Mitmenschen. Doch die Uhr in dem Mann tickt unaufhaltsam weiter und zählt runter auf Null. Jeden Tag ist er einen Schritt näher an der unweigerlichen Explosion.

Es ist Anfang 2002. Amanda Jane Dowler, genannt Milly, ist 13 Jahre alt und lebt mit ihrer Familie in Walton-on-Thames, einem kleinen Ort circa eine halbe Stunde Fahrt von London entfernt.

Am 21. März 2002 verlässt Milly um 15:07 Uhr die Heathside School in Weybridge und geht mit einer Freundin zum Bahnhof von Weybridge, wo sie gemeinsam den Zug nehmen. Die Mädchen steigen an diesem Tag bereits am Bahnhof von Walton-on-Thames aus, eine Station vor ihrer üblichen Haltestelle in Hersham, und gehen zum Essen in das Bahnhofscafé. Nachdem Milly ihren Vater um 15:47 Uhr anruft, um mitzuteilen, dass sie in einer halben Stunde zu Hause sein wird, verlassen die Mädchen das Café um 16:05 Uhr und machen sich jeweils alleine auf den Heimweg. Wenige Minuten später wird Milly von einer Freundin ihrer Schwester noch gesehen, wie sie lachend und winkend die Straße entlang nach Hause geht. Das aber ist auch das letzte Mal, dass jemand das Mädchen lebend sieht. Milly kommt nicht zu Hause an.

Um 19:00 Uhr wird Milly schließlich von ihren Eltern als vermisst gemeldet. Eine landesweite Suche nach ihr beginnt. Mit hunderten Polizisten werden die Wälder, Flüsse und Wege um Hersham durchkämmt. Sogar mit Hubschraubern wird nach dem vermissten Mädchen gesucht.

Eine Woche später fehlt trotz der intensiven Fahndung immer noch jegliche Spur von Milly. Die Polizei ist ratlos und geht mittlerweile davon aus, dass Milly nicht entführt wurde, sondern aus eigenen Stücken weggelaufen ist. Denn schließlich gebe es keinerlei Hinweise auf ein Verbrechen.

Aber wie wahrscheinlich ist es, dass ein 13-jähriges Mädchen einfach davonläuft? Ganz alleine? So lange? Würde es nicht zumindest eine Nachricht hinterlassen oder eine Tasche mit dem Nötigsten packen?

So sehr Millys Eltern auch hoffen, dass ihre Tochter freiwillig weggelaufen ist, sich vielleicht auf ein Abenteuer begeben hat, es ihr trotz allem irgendwo gut geht und sie in ein paar Tagen womöglich zerknirscht und mit einer Entschuldigung auf den Lippen vor der Tür steht, können sie der polizeilichen Theorie überhaupt nichts abgewinnen. Denn das ist nicht Milly. Ihre Milly, so wie sie sie kennen. Und sie werden Recht behalten. Ihre Milly wird nie wieder zurückkommen und an ihrer Tür klopfen.

Nach knapp sechs ungewissen Monaten, zwischen Hoffnung und Verzweiflung, entdecken am 18. September 2002 Pilzsammler in den Yateley Heath Woods in der Nähe von

Yateley, Hampshire, menschliche Überreste. Der zahnärztliche Befund bringt die traurige Gewissheit – es ist Milly. Aufgrund der bereits weit fortgeschrittenen Zersetzung der Leiche kann die Todesursache nicht festgestellt werden. Erstaunlich ist, dass der Körper völlig entkleidet wurde. Weder Kleidungsstücke noch andere Besitztümer von Milly, die Handtasche, der Rucksack oder das Handy, welche sie zum Zeitpunkt ihres Verschwindens bei sich hatte, werden jemals gefunden.

Aus der Vermisstensache wird nun eine Mordermittlung. Eine Mordermittlung, die viele Jahre andauern wird. Bei der immer wieder Spuren auftauchen werden, die ins Leere führen. Grauenvolle Anrufe und E-Mails an die Eltern, dass ihre Tochter in die Fänge eines Menschenhändlerrings geraten sei. Alles Lügen, wie sich Jahre später herausstellt. Lügen, welche die Familie bis dahin jedoch beinahe um den Verstand bringen.

Marsha McDonnell ist eine talentierte Musikerin und wird von Menschen, die mit ihr zusammentreffen, als „ruhig und fleißig“ bezeichnet. Vor Beginn ihres Studiums will die junge Frau die weite Welt entdecken und plant daher, ans andere Ende der Erde nach Australien zu reisen. Doch diese Reise wird sie nie antreten.

Im Februar 2003 ist Marsha gerade auf dem Heimweg von einem Kinoabend mit ihren Freunden. Sie ist nur wenige Meter von ihrem Haus in Hampton im Südwesten Londons entfernt, als sie brutal attackiert wird. Jemand schlägt der 18-Jährigen hinterrücks mehrmals mit einem stumpfen Gegenstand auf den Hinterkopf und die junge Frau geht direkt zu Boden. Der Täter lässt die schwerverletzte Marsha einfach liegen. Zwei Tage später stirbt die angehende Musikerin im Krankenhaus an ihren Verletzungen.

Die Polizei steht vor einem Rätsel. Es gibt keine Zeugen der Tat, keine hilfreichen Beweise oder Indizien, die auf den Täter oder sein Motiv schließen lassen. Lediglich zur Tatwaffe gibt es einige Vermutungen. Aufgrund der Autopsiebefunde geht man davon aus, dass der stumpfe Gegenstand ein Hammer gewesen sein könnte.

Statistisch gesehen kennen die meisten Opfer ihre Mörder. In der Regel handelt es sich um Freunde, Bekannte oder Familienangehörige. Nur in den allerwenigsten Fällen kennen die Täter ihre Opfer nicht und haben sie vor der Tat noch nie gesehen. Aber in Marshas Fall können die Ermittler schnell alle Bekannten der jungen Frau ausschließen. Niemand hat ein Motiv, es gibt keine entsprechenden Indizien. Ist ein irrer Killer in den Straßen Londons unterwegs? Einer, der wahllos seine Opfer komplett nach dem Zufallsprinzip aussucht? Einer, der nicht nach einem Schema vorgeht?

Am 28. Mai 2004, mehr als ein Jahr nach der Attacke auf Marsha, wird die 18-jährige Kate Sheedy beim Überqueren einer Straße in einem Gewerbegebiet in Isleworth von einem weißen

Van angefahren. Verletzt bleibt sie auf der Straße liegen. Doch sie hat Glück und überlebt. Nach mehreren Wochen im Krankenhaus kann sie ihr normales Leben wieder aufnehmen. Der Fall wird zur Anzeige gebracht und veröffentlicht.

Auf den ersten, flüchtigen Blick hat dieser Fall kaum etwas mit der tödlichen Attacke auf Marsha zu tun. Schaut man genauer hin, ist allerdings nur die Tatwaffe eine andere. Ersetzt man den Hammer durch das Auto, gibt es durchaus Parallelen, die leider erst viel zu spät erkannt werden.

Amélie Delagrange ist eine 22-Jährige französische Austauschstudentin. Sie entscheidet sich, nachdem sie den Bus verpasst hatte, in der lauen Sommernacht des 19. August 2004 den Weg zu Fuß auf sich zu nehmen. Eine fatale Entscheidung, denn so läuft sie ihrem Mörder direkt in die Arme. Amélie wird schwerverletzt in Twickenham Green aufgefunden und noch in derselben Nacht erliegt sie im Krankenhaus ihren schweren Kopfverletzungen.

Was zunächst nur ein Verdacht ist, wird nun langsam Gewissheit: In London ist ein Serienkiller unterwegs. Ein Mörder, der kein richtiges Motiv zu haben scheint und aus reiner Mordlust tötet. Es gibt keinerlei Verbindung zwischen Marsha, Amélie und später auch Kate. Die jungen Frauen kannten sich nicht, hatten keine gemeinsamen Freunde. Dennoch fielen sie dem Täter zum Opfer. Der fehlende Zusammenhang stellt die Ermittler vor eine schier unlösbare Aufgabe. Oder ist es von Bedeutung, dass alle blonde Haare haben?

Der Fall Amélie Delagrange wird an Detective Chief Inspector Colin Sutton übertragen, obwohl dieser in Bezug auf Mordermittlungen noch relativ unerfahren ist und kaum brauchbare Beweise vorliegen.

Die Polizei sucht nun nach einem Täter, der es auf junge, blonde Frauen abgesehen hat. Es geht ihm anscheinend nicht um Sex, vielmehr darum, zu verletzen und zu töten. Aber warum wollte er die Leben der jungen Frauen auslöschen? Man vergleicht ihn mit einem Jäger auf der Pirsch, der seine Opfer beobachtet und sich seiner "Beute" überlegen fühlt. Beweise hinterlässt der mysteriöse Täter keine. Ihm passieren kaum Fehler und er plant seine Attacken sorgfältig. Es gibt keine DNA-Spuren, aber im Falle von Amélie ist etwas verschwunden. Amélies Handy. Könnte dies zu einer wertvollen Spur werden? Hat der Mörder das Handy womöglich als Trophäe mitgenommen? Sutton und seinem Team gelingt es, die Daten der Telefongesellschaft zu diesem Gerät zu bekommen. Und diese Auswertung enthält einen wichtigen Hinweis: Wenige Minuten nach der Attacke verliert das Gerät für einen Moment das Netz. Das Handy befand sich zu diesem Zeitpunkt in Walton-on-Thames, weit weg vom Tatort. Der Täter ist also mobil. Wahrscheinlich ist er mit einem Auto unterwegs.

Auf Videoaufnahmen, die eine Überwachungskamera in der Nähe des Tatortes aufgenommen hatte, fällt ein verdächtiger weißer Van auf. Einer von 24.000 weißen Vans, die in Großbritannien registriert sind. Es ist eine kleine, scheinbar unwichtige Spur. Eine Randnotiz. Doch Sutton geht auch ihr nach. In einer Einzelhinweisakte zum Fall der angefahrenen Kate Sheedy und einem weißen Van, findet der Ermittler dann die Aussage einer gewissen Jo Collins. Sie gab an, dass ihr Ex-Partner einen weißen Van besitze und blonde Frauen hasse. Er sei ein gewalttätiger Mensch und sie traue ihm einen Mord zu. Sie berichtet zudem von einem Magazin, dass sie bei ihm gefunden habe. Ein Magazin, in dem blonden Frauen die Gesichter zerschnitten wurden. Das lässt die Ermittler aufhorchen. Der Ex-Partner, von dem Jo Collins berichte, heißt Levi Bellfield und ist nun der Hauptverdächtige im Fall Amélie Delagrange.

Geboren am 17. Mai 1968 in Isleworth, London, ist Levi Bellfield eines von fünf Kindern einer Romafamilie. Als der kleine Junge 10 Jahre alt ist, stirbt sein Vater an Leukämie. Ein schwerer Schicksalsschlag, der Levi und seine Mutter enger zusammenschweißt. Sie umsorgt und verhätschelt ihn. Vielleicht gerade wegen des Verlustes seines Vaters lässt sie Levi stets wissen, wie besonders er ist.

Levi bleibt bis ins Erwachsenenalter hinein von der Zuneigung seiner Mutter abhängig. Er ist unfähig, sich emotional von ihr zu emanzipieren, sich somit frei und normal zu entwickeln. Mit 13 Jahren wird er bereits bei kleineren

Diebstählen erwischt. Doch es passiert - nichts. Er erlebt für die Vergehen keinerlei Konsequenzen, daraus resultiert bei Ihm ein Überlegenheitsgefühl gegenüber der Polizei. Ein Gefühl, das dem von der übermächtigen, überfürsorglichen Mutter erdrückten Levi bis dahin vollkommen unbekannt war.

Im Alter von 21 lernt er seine erste Frau kennen, mit der er insgesamt 5 Kinder haben wird.

Äußerlich kein attraktiver Mann, versteht Levi es dennoch, mit seiner Eloquenz und seiner nonchalanten Art Frauen für sich zu gewinnen. So lernt er viele Frauen kennen und kann sie umgarnen. Er sieht sich selbst als ein Geschenk für das weibliche Geschlecht, das ihm als Dank für seine Aufmerksamkeit bedingungslos zu gehorchen hat. Man sagt im Nachhinein, die Frauen durften nur sprechen, wenn er es erlaubte. Nur kochen, was er mag. Nur auf die Toilette gehen, wenn er sie begleitete. Ein Handy durften sie besitzen, die einzige eingespeicherte Nummer ist die von Levi.

Er hingegen hat viele Partnerinnen. Bandelt gerne und viel außerhalb seiner Beziehungen an.

Täglich schlägt er seine Partnerinnen – aber nicht ins Gesicht, dafür ist er zu schlau. Denn dort könnte man Verletzungen sehen. Aber keine der Frauen traut sich ihn anzuzeigen. Wiederum kommt er mit seinem Verhalten durch. Er fühlt sich inzwischen unantastbar. Überlegen.

Doch als die Polizei mit einem Durchsuchungsbeschluss vor seiner Tür steht, versteckt er sich nackt auf dem Dachboden. Vergeblich. Die Polizei entdeckt den Mann dort und nimmt ihn mit.

Im Verhör verweigert Bellfield die Aussage, dreht den Polizisten demonstrativ den Rücken zu, starrt stur auf die Wand. Sein Verhalten ähnelt dem eines trotzigen Kindes.

Nach 18 Monaten in Untersuchungshaft wird Levi Bellfield am 2. März 2006 wegen Mordes an Amélie und des versuchten Mordes an Kate angeklagt. Der Mord an Marsha wird am 25. Mai 2006 als weiterer Anklagepunkt hinzugefügt. Der Prozess beginnt am 12. Oktober 2007. Levi Bellfield bekennt sich in keinem der Anklagepunkte für schuldig.

Die Verhandlung verfolgt er emotionslos, ja, regelrecht gelangweilt. Erst bei seiner Aussage tritt Levi in Aktion und versucht mit seinem berüchtigten Charme die Jury um den Finger zu wickeln. Ohne Erfolg. Die Indizien wiegen schwer. Es gibt mehrere Videoaufnahmen, auf denen er scheinbar ziellos in seinem weißen Van umherfährt. Wie ein Jäger auf der Suche nach seiner Beute.

Am 25. Februar 2008 wird Levi schuldig gesprochen und zu lebenslanger Haft verurteilt. Einen Tag nach dem Schuldspruch erhebt man eine weitere Anklage gegen ihn. Dieses Mal geht es um den Mord an Milly. Es gibt viele Indizien, die auf Bellfield hindeuten: Sein Wohnort, Videoaufnahmen, die zeigen, wie das rote Auto seiner damaligen Freundin, das er sich ausgeliehen hatte, um den Tatort kreist und eine Kollegin von Levi sagt aus, dass er ihr bereits 2002 den Mord an Milly gestanden habe. Sie hielt das damals für Quatsch, Wichtigtuerei, eine Lüge.

Bellfield genießt diesen Prozess offensichtlich, er weist seinen Anwalt an, die Familie von Milly vor Gericht auseinander zu nehmen. Sie sollen leiden. Es macht ihm Spaß, so noch ein letztes Mal in der Öffentlichkeit seine destruktive Seite auszuleben. Wieder wird er schuldig gesprochen und erhält ein zweites Mal lebenslänglich – ohne die Möglichkeit einer Bewährung.

Im Jahre 2016, noch in Haft sitzend, schildert Levi den Mord an Milly in allen grausamen Details und mit schrecklichen Einzelheiten. Ein Geständnis! Doch das zieht er gleich darauf wieder zurück. Ist es ein Schrei nach Aufmerksamkeit oder will er nur mit den Angehörigen seiner Opfer ein sadistisches Spiel treiben? Für Millys Familie fühlt es sich so an, als ob er Milly damit ein zweites Mal getötet habe.

Für Levis Ex-Partnerin Jo ist ihr Ex-Partner das pure Böse. Er sei gewissenlos, eiskalt und nur auf seinen eigenen Vorteil bedacht. Viele Menschen werden ihr zustimmen, denn die Fakten sprechen hier für sich. Ist es ein versteckter Hinweis oder eher Ironie des Schicksals, dass dieser Mann den Namen Levi trägt? Denn stellt man die Buchstaben um, so ergeben sie den englischen Ausdruck für böse – Evil.

Kapitel 9:

Der gefallene Engel

Normalerweise ist es unter Kollegen ein echtes No-Go den Computer oder womöglich sogar die E-Mails des anderen zu durchsuchen. Denn selbst wenn man den Arbeitsrechner nur für die Arbeit nutzen soll, so ist es sicher jedem schon einmal passiert, dass man doch mal eben schnell eine Nachricht an die Frau oder die Geliebte verschickt oder etwas sehr Privates gespeichert hat. Insofern ist es für den Kollegen des IT-Consultants Colin Blanchard aus Rochdale, Greater Manchester am 5. Juni 2009 keine leichte Entscheidung, sich an dessen Rechner zu setzen. Aber der 49-jährige Colin ist auf Geschäftsreise in Dubai und alles sieht ganz danach aus, als würde er die Firma bestehlen …

Der Kollege atmet noch einmal tief durch, dann fährt er den Rechner hoch. Konzentriert durchsucht er die Ordner und Dateien – irgendwo hier muss es doch Beweise geben! Die Sortierung ist akribisch, wie üblich bei IT-Fachleuten, für die

Logik und Strukturen wesentlich sind. Dennoch sind die nötigen Infos nicht auf Anhieb zu finden. Der Kollege beschließt, sich in Unterordner zu wagen und doch auch vorsichtshalber in die privateren Ordner zu schauen. Vermutlich wird er hier nur Bilder von Colins Frau und den zwei Kindern finden, aber sicher ist sicher.

Als sich die erste Bilddatei langsam öffnet, ist der Kollege im ersten Moment überrascht. Waren Colins Kinder nicht schon deutlich älter? Und welcher Amateur hat auf den Bildern ausgerechnet den Kopf abgeschnitten? Doch als sein Blick tiefer wandert, fangen seine Finger schlagartig an zu zittern. Die Maus entgleitet seinem Griff. Ein Würgen steigt in seiner Kehle auf. Ihn überfällt eine derart massive Übelkeit, dass er es kaum schafft, das verstörende Bild, das ihn für immer verfolgen wird, schnell genug zu schließen. Erst jetzt, als er endlich bewusst einen Blick auf die kleinen, unendlich vielen Vorschaubildchen des Ordners wirft, wird ihm klar, dass das geöffnete Foto kein Einzelfall ist.

Tränen der Wut und der Verzweiflung stehen ihm in den Augen, als er die Nummer der Polizei von Greater Manchester wählt. Hier muss dringend etwas geschehen, um Opfer und noch Unschuldige vor dem Schlimmsten zu bewahren.

Die Polizei sieht dies ebenso. Direkt nach der eindringlichen, hochemotionalen Schilderung des Anrufers, machen sich Ermittler auf den Weg zum Büro der IT-Beraterfirma. Die Männer wissen, dass es hier auf Schnelligkeit ankommt, denn sollten Beteiligte Wind von der Entdeckung bekommen, werden Beweise umgehend verschwinden. Neben anderen potenziell verdächtigen Dingen wird Colin Blanchards Dienstrechner daher beschlagnahmt und mit aufs Revier genommen. Fachleute setzen sich sofort daran und werden schnell fündig. Offensichtlich hat der Eigentümer sich sehr sicher gefühlt und keine Notwendigkeit darin gesehen, Dinge zu verbergen. Neben zahlreichen belastenden Fotos werden auch Texte und E-Mails aufgespürt, die das ganze Ausmaß dieses furchtbaren Verbrechens ansatzweise erahnen lassen. Ein Verbrechen, das ganz Großbritannien aufschrecken lässt, weil es zeigt, wie leicht es ist, ausgerechnet den Unschuldigsten zu schaden.

Die stämmige Vanessa Sylvia George, geborene Marks, ist eine fröhliche Frau, die bei Familie, Freunden und im Kollegenkreis ausgesprochen beliebt ist. Alle lieben die optimistische Ausstrahlung der verheirateten zweifachen Mutter. Und ebenso geht es den Eltern der Säuglinge und Kleinkinder, die die gewissenhafte Frau als Erzieherin im Kindergarten täglich betreut. Man merkt es ihr an, dass sie Spaß daran hat, sich um die Kleinen zu kümmern und sie hat auch kein Problem damit, wenn einmal schnell eine Windel gewechselt werden muss, sondern lacht und scherzt mit den Kids. Im privaten Kindergarten „Little Ted's Day Care Centre", der auf dem Gelände der Grundschule Laira Green Primary School in Plymouth angesiedelt ist, sieht man es als Glücksfall, dass die gestandene

Frau mit der angenehmen Ausstrahlung im Jahr 2006 hier angefangen hat zu arbeiten. Zwei Jahre später, 2008, wird sie sogar bereits als Seele des Ganzen bezeichnet. Liebevoll-scherzhaft wird sie daher von den Eltern immer wieder gerne als „Engel“ bezeichnet.

Vanessa George, die zuvor auch sechs Jahre als Schulassistentin und als Babysitterin tätig war, gilt als vorbildlich. Nicht nur, dass sie nie Probleme mit der Polizei hatte und jeder ihr vertraut, sie gilt ebenso als gute Mutter und liebende Ehefrau, die mit ihrem Partner bereits zwanzig Jahre zusammen ist.

Aber vielleicht ist es genau das, was Vanessa insgeheim unruhig macht. Denn die lebenslustige Frau mit der Rubensfigur scheint etwas in ihrem friedlichen Leben in Plymouth zu vermissen. Vielleicht ist genau dies der Grund, weshalb das Internet auf sie so eine Faszination ausübt und zunehmend eine wichtige Rolle für sie spielen wird. Anfangs geht es ihr vermutlich wie den meisten Erwachsenen, die sich im Netz bewegen: Sie sucht nach alten Freunden und Bekannten, um mit diesen wieder in Kontakt zu kommen. Doch das Jahr 2008 ist vor allem der Beginn der großen Zeit der Foren für alles und jeden. Außerdem kommen Chatrooms auf, in denen man sich privat schreiben kann, ohne dass jemand etwas davon mitbekommt. Zunehmend nutzt Vanessa das Internet nun auch, um neue Kontakte zu schließen. Und sie entdeckt, dass es durch die Anonymität möglich ist, selbst intimste Phantasien auszusprechen und Menschen zu finden, die diese sogar teilen.

Offenbar eine erregende Erfahrung für die verheiratete Frau, deren Sexleben sicherlich in eher eingefahrenen Bahnen verläuft. Zunehmend kann man sie in Sex-Chats vorfinden.

Als Facebook aufkommt, meldet Vanessa sich auch bei dieser angesagten Plattform an und ist hier aktiv. Als jemand, der Kinder liebt und als Kindergärtnerin arbeitet, ist es für sie vermutlich ganz selbstverständlich, hier die Kampagne „Against Child Abuse“ zu unterzeichnen und zu unterstützen.

Alles noch nicht unüblich. Die verhängnisvolle Dynamik entsteht erst, als Vanessa George bei Facebook in Kontakt mit Colin Blanchard tritt. Wann genau dies passiert, ist unklar, vermutlich Ende 2008. Ebenfalls ist unklar, ob die beiden überhaupt ihre echten Namen kennen oder nur die Pseudonyme. Doch dieses Zusammentreffen wird der Auslöser für unsagbares Leid sein.

Der seit rund 16 Jahren verheiratete Colin Blanchard ist ein Mann, der ein gewisses Niveau in seinem Leben schätzt. Als IT-Consultant leistet er sich ein großes, freistehendes Haus mit Blick auf die Hügel von Littleborough bei Rochdale. Er gönnt sich gerne etwas: Neben einem riesigen Flachbildfernseher besitzt er so ziemlich jedes angesagte Computerspiel. Im Garten befinden sich Palmen, die er extra mit einem Kran anliefern lassen musste. Blanchard behauptet dann und wann sogar gerne, dass er ein Filmproduzent ist oder als Fußballstar in seinem Privatjet herumfliege. Doch was niemand ahnt: Blanchard verbirgt tiefere Abgründe. Dabei sind die 8.000 Pfund, die er dem Stromanbieter schuldet, noch das kleinste Problem. Er hat eine Schwäche für Kinderpornographie. 2002 wird er aktenkundig, weil er sich Bilder aus dem Internet herunterlädt; 2007 jedoch wird die Vorstrafe standardmäßig gelöscht.

Vielleicht sind es diese dunklen Phantasien, über die Vanessa und Colin sich irgendwann austauschen. Ihre tiefsten sexuellen Abgründe, in denen es wohl bei beiden um den Missbrauch von Kindern geht. Vom Aussprechen bis zur Tat sind es dann nur noch wenige Schritte, zumal Vanessa George als Erzieherin mit den Objekten ihrer Begierde tagtäglich umgeht. Vielleicht ist es zunächst auch eine Art Spiel zwischen den beiden, eine Form der Mutprobe. Oder will Vanessa so den Mann, der ihr irgendwann sogar seine Liebe gesteht, enger an sich binden?

Welches auch immer die auslösenden Gedanken sind, im Dezember 2008 kommt es zu den ersten Übergriffen im privaten Kindergarten in Plymouth, der Plätze für rund 60 Kinder hat. Die Erzieherin beginnt, Fotos von den Kindern zu machen, die sie betreut. Eine günstige Gelegenheit bietet sich offenbar vor allem dann, wenn sie ihnen die Windeln wechselt. Niemand registriert, dass sie immer wieder Möglichkeiten findet, um dabei allein mit einem der Kinder zu sein. Sie fotografiert Kinder im Alter von zwei bis fünf Jahren, bevorzugt solche, die noch nicht sprechen können. Ist das womöglich eine perfide Vorsichtsmaßnahme? Ebenso sind auf den Bildern stets die Köpfe nicht zu sehen. Ein Versehen? Dies ist eine gängige

Vorgehensweise bei Kinderpornographie, um so die Identifizierung der Opfer zu verhindern.

Doch es bleibt nicht bei solchen Aufnahmen. Die zweifache Mutter beginnt explizitere sexuelle Bilder zu machen. Immer öfter verwendet sie auch Objekte, um diese einzuführen – Zahnbürsten oder auch Minigolf-Schläger aus Plastik. Mindestens einmal bringt sie von zu Hause ein Sexspielzeug mit zur Arbeit. Diese Steigerung ist es, welche die Ermittler später zu der Erkenntnis bringt, dass hier irgendwann eine Art Wettbewerb entstanden sein muss, in dem es darum ging, das perverseste Foto zu schießen.

Insgesamt filmt und fotografiert die Erzieherin 124 übergriffige Handlungen an den schutzbefohlenen Kindern. Für diese „Fun-Fotos", wie sie sie nennt, hat sie ein eigenes, zweites Handy. Im Anschluss werden die Bilder und Filme an den IT-Spezialisten aus Rochdale verschickt. Aber George macht auch nicht Halt davor, Blanchard intime Fotos ihrer eigenen 14-jährigen Tochter zu senden. Dass die beiden auch Bilder von sich selbst austauschen und ihre abgründigsten sexuellen Wünsche thematisieren, ist beinahe schon selbstredend. In der Zeit von Dezember 2008 bis Juni 2009 kommt es so zu rund 10.000 Kontakten via Telefon, SMS, E-Mail und Messenger.

Die ganze Angelegenheit zieht noch weitere Kreise als schließlich Angela Allen, eine alleinerziehende Mutter aus Bulwell, Nottingham, in den Missbrauch involviert wird. Diese hat Blanchard im September 2008 ebenfalls über

Facebook kennengelernt und auch ihr hat er gestanden, dass er sie lieben würde. Alle drei sind in einem ähnlichen Alter und haben ein ähnliches Interesse: den Missbrauch von Kindern. Doch mit Angela, die früher als Prostituierte gearbeitet hat und nicht in so geordneten Verhältnissen wie George und Blanchard lebt, fügt sich offenbar ein neues Element in das perverse „Spiel" ein. Vielleicht ist der Wettbewerb ihre Idee, denn Allen wird später von einem Ermittler als „unheimlich und böse" beschrieben. Ihre Phantasien gehen noch weiter, sie träumt von Vergewaltigung und Sodomie. Und sogar eine Kindesentführung eigens für einen Missbrauch wird von den dreien diskutiert.

Da George den leichtesten Zugriff auf potenzielle Opfer hat, ist sie zumeist der Initiator von Missbrauchs-Aufnahmen. Diese teilt sie dann mit den anderen. Zunächst nur mit Blanchard; doch nachdem dieser ihr „AngBank" aka Angela Allen vorgestellt hat, sendet sie die Aufnahmen auch direkt weiter an die Frau in Bulwell. Doch die beiden anderen verhalten sich dabei keineswegs passiv, auch sie schicken Belege, die sexuelle Handlungen mit Kindern zeigen. Viele, vor allem die Eltern der missbrauchten Kinder, wollen Blanchard als den Kopf der Kinderporno-Bande sehen, doch dies ist eher unwahrscheinlich, wie der direkte Draht der beiden Frauen belegt. Vielmehr ist der Mann wohl so eine Art „Hebamme", die dabei half, die schlummernden bösen Sehnsüchte und Energien freizusetzen. Doch das ahnt zu diesem Zeitpunkt noch niemand.

Das besonders Erschreckende bei diesem Trio von Gleichgesinnten ist, dass sie sich anscheinend völlig sicher fühlen, während sie mitleidlos Kinder benutzen, um die eigenen sexuellen Begierden und Gelüste auszuleben und zu stimulieren. Sie denken anscheinend keinen einzigen Moment an die Konsequenzen für die Opfer. Alle drei scheinen des Weiteren keinerlei Angst davor zu haben, aufzufliegen und im Kindergarten gibt es zu diesem Zeitpunkt auch keine effektiven Sicherheitsvorgaben, um die Schutzbefohlenen vor möglichen Übergriffen zu bewahren. Nachweislich kommunizieren die drei Täter also ganz offen miteinander, ohne Verschlüsselungen und die Nutzung von Code-Wörtern oder ähnlichem.

Tatsächlich gibt ihnen die Realität sogar noch Recht, denn nur ein Zufall ist es, der das ganze Kartenhaus schließlich zum Einsturz bringt. Hätte der Kollege von Blanchard nicht in dessen Abwesenheit den Rechner durchsucht, wären die Aktivitäten dieses Kreises von übergriffigen Pädophilen wohl noch lange fortgesetzt worden – und womöglich sogar mit einer Spirale zunehmender Brutalität.

Für die Spezialisten der Greater Manchester Polizei ist schon nach einer kurzen Durchsicht der Fotos und Filme auf dem Rechner von Colin Blanchard klar, dass sie zum Schutz der Opfer umgehend handeln müssen. Die Bilder sind schockierend, so schlimm, dass auch die hartgesottenen Ermittler zugeben, dass ihnen bei deren Anblick übel geworden sei. Denn detailliert wird gezeigt, wie sexuelle Handlungen an Säuglingen und

Kleinkindern vorgenommen werden. Doch noch ist nicht klar, wer alles an den Taten beteiligt ist. Deshalb ist es umso wichtiger, keinen der Beteiligten vorzeitig aufzuschrecken, damit niemand Beweise vernichten kann oder womöglich untertaucht. Die pädophilen Täter sollen zur Rechenschaft und aus dem Verkehr gezogen werden! Das ist das erklärte Ziel der Ermittler.

Bereits am 6. Juni 2009 erfolgt der erste Zugriff. Als Colin Blanchard am Manchester Airport aus dem Flieger steigt, mit dem er von Dubai aus nach England zurückgekehrt ist, wird er bereits erwartet. Doch es ist nicht seine Ehefrau, die da vor ihm steht, als er das Gate verlassen will. Die Polizisten bitten ihn höflich, aber mit eisernen Mienen, sie zu begleiten. Auf dem Revier wird er mit den Vorwürfen konfrontiert, dann werden ihm Laptop und Smartphone abgenommen, um auch diese auf belastendes Material zu untersuchen. Und tatsächlich: Hier sind noch mehr der kinderpornografischen Darstellungen zu finden. Im Laufe der eingehenden Untersuchung sollen die Spezialisten später sogar auf Fotos stoßen, die Missbrauch zeigen, in den sogar Tiere involviert sind.

Obwohl in der Kommunikation zwischen Blanchard und den Frauen von gegenseitiger Liebe die Rede ist, gibt Blanchard nun unumwunden zu, dass er und weitere Personen tatsächlich für entsprechende Handlungen und das Verteilen der Bilder untereinander verantwortlich sind. Er macht außerdem auch Angaben zu seinen Komplizinnen. Die Aufnahmen hätte eine Frau gemacht, die er nur unter dem Nickname „VeeGeorge“

kenne. Die dritte Frau im Bunde benutze das Pseudonym „AngBank".

Diese Hinweise reichen den Ermittlern bereits aus, um sie schließlich auf die richtige Spur zu bringen. Denn auf einem der belastenden Bilder ist das Stück einer Plakette mit einem Logo zu sehen. Nach intensiven Recherchen stellt sich schließlich heraus, dass es sich um das Logo des Kindergartens „Little Ted's" in Plymouth handelt. Von da an müssen die Ermittler nur noch eins und eins zusammenzählen, um zu erkennen, dass „VeeGeorge" die Kindergärtnerin Vanessa George ist. Die Polizei zögert keinen Moment länger und verhaftet augenblicklich die Frau aus Plymouth, die ein enormes Risiko für die schutzbefohlenen Kinder darstellt.

Der private Kindergarten „Little Ted's" wird vorläufig geschlossen – und dann nie wieder geöffnet. Erst im September 2010 eröffnet erneut ein Kindergarten in den Räumlichkeiten. Dieses Mal jedoch unter der Kontrolle des örtlichen Grundschulleiters und einiger Vertrauenspersonen, um die so wichtigen Kontrollen zum Schutz der Kinder künftig zu gewährleisten.

In den auf die Verhaftung folgenden Tagen herrscht Ausnahmezustand in Plymouth: Die polizeilichen Untersuchungen starten und 313 Kinder aus 270 Familien sind zunächst im Visier der Ermittler als potenzielle Opfer. Sie alle hatten Kontakt mit George, die zugibt, bis zu acht Fotos an jedem Arbeitstag gemacht zu haben. Schließlich verdichtet sich der Kreis der Betroffenen auf etwa 30 Kinder. Konkrete Aussagen zu ihren Opfern oder die Auflistung von Namen verweigert Vanessa George beharrlich.

Auf einer öffentlichen Versammlung am 9. Juni werden die schockierten Einwohner von Plymouth über den Stand der Ermittlungen informiert. Alle sind fassungslos, dass so etwas in ihrer Stadt passieren konnte und sie Vanessa George nicht nur ihre Kinder anvertraut, sondern die Täterin auch so sehr gemocht haben.

In den folgenden Tagen brechen die Telefone der Polizeistation unter der Vielzahl der Anrufe besorgter Eltern zusammen. Als George am 10. Juni dem Untersuchungsrichter vorgeführt wird, beschimpfen und bespucken sie die Menschen vor dem Gerichtsgebäude.

Am 16. Juni kann die Polizei schließlich auch die Frau identifizieren, die Blanchard bei Facebook unter dem Namen „AngBank“ kennengelernt hat. Es handelt sich um die ehemalige Prostituierte Angela Allen aus Nottingham. Das Pseudonym kam vermutlich deshalb zustande, weil sie auch einmal einige Zeit in einer Bank tätig war. Die Polizisten sind mehr als erstaunt, als sie bei der Festnahme entdecken, dass Allen gar keine Anstalten gemacht hat Beweise zu vernichten – obwohl sie bereits von den Verhaftungen ihrer Kumpane weiß. Sie gibt auch bereitwillig zu, dass sie selber ein Kind missbraucht, davon Fotos gemacht und diese geteilt hat.

Der 28. Juli 2009 ist ein denkwürdiges Datum: An diesem Tag treffen sich Blanchard und George das erste Mal in ihrem Leben persönlich – als sie gemeinsam vor Gericht erscheinen müssen. Doch bis zur eigentlichen Verhandlung vor dem Crown Court, die in Bristol unter Vorsitz des Richters John Royce stattfindet, dauert es noch bis zum 1. Oktober 2009. Hier stehen die drei Täter endlich gemeinsam vor Gericht.

Im Rahmen des Prozesses kommen die ganzen widerwärtigen Handlungen der drei Hauptpersonen noch einmal zur Sprache. Ein erschütterndes Zeugnis, wie mitleidlos die Täter dieses Kinderpornographie-Zirkels agierten, ohne sich jemals Gedanken zu machen, was sie damit ihren hilflosen Opfern oder auch deren Familien antun. Eine Mutter wird Jahre später berichten, dass ihr Kind weiterhin unter den Vorfällen leidet. Der Junge nässt mit 13 Jahren noch immer ein, ist voller Wut und Aggressionen.

Neben den drei Haupttätern sind noch zwei weitere Frauen angeklagt, ebenfalls Teil eines Pädophilenrings zu sein; es handelt sich um Tracy Dawber, eine Pflegekraft aus Southport in Merseyside sowie die neunfache Mutter Tracy Lyons aus Portsmouth, Hampshire.

Für Allen wird am 15. Dezember 2009 schließlich eine Haftstrafe von mindestens fünf Jahren verkündet. Als das Urteil der Kindergärtnerin Vanessa George verlesen wird, nimmt sich der Richter deutlich mehr Zeit. Denn er kann es sich nicht nehmen lassen, seinem persönlichen Ekel und seiner

Fassungslosigkeit über ihre Taten Ausdruck zu verleihen. Er bezeichnet die Täterin als „böse, kalt und berechnend" und ihre Taten hätten „weitverbreiteten Ekel und Ungläubigkeit ausgelöst", denn sie hätten „neue Tiefen von Verdorbenheit" aufgezeigt und eine „landesweite Schockwelle" nach sich gezogen. George wird zu mindestens sieben Jahren Haft verurteilt, wobei gründlich zu prüfen sei, ob sie danach wirklich keine Gefahr mehr für die Gesellschaft darstellt.

Im Nachgang erhalten am 10. Januar 2011 Colin Blanchard mindestens neun Jahre Gefängnis, sowie zwei weitere Mitglieder des Pädophilenrings eine Mindest-Haftstrafe von vier und sieben Jahren.

Am Ende bleiben viele Fragen: Wie kann es sein, dass durch eine scheinbar belanglose Internetbekanntschaft derartig furchtbare Verbrechen entstehen? Haben sich die drei wirklich nur via Facebook kontaktiert oder womöglich doch einmal persönlich getroffen? Und falls ja: Gibt es noch andere Opfer – und vielleicht sogar noch weitere Täter?

Seit dem 18. September 2019 beanspruchen diese Fragen noch eine größere Dringlichkeit, denn nach 10 Jahren Haft ist die pädophile Kindergärtnerin Vanessa George wieder auf freiem Fuß. Ihre Tochter und auch der Ex-Mann wollen nichts mehr mit ihr zu tun haben. Ihr Ex sieht sie weiterhin als Gefahr für die Gesellschaft. In einem Interview mit dem „Mirror" gab er an, dass er sich freuen würde, wenn sie sich selbst das Leben nähme. Auch wenn die Behörden betonen, dass für George strenge Auflagen gelten, sind die Eltern der früheren Opfer mehr als nur beunruhigt. Sie fordern eine lebenslange Verwahrung, um andere Kinder zu schützen.

Vanessa George ist es verboten, sich in Regionen wie Devon und Cornwall aufzuhalten. Sie darf zudem keinerlei internetfähige Geräte besitzen. Aber reichen diese Verbote aus, um Kinder vor ihr zu schützen? Von Reue zeigt sie nämlich immer noch keine Spur; bis zum heuten Tag wartet man vergebens darauf, dass sie endlich die Liste ihrer Opfer vorlegt.

Kapitel 10:

Auf sie wartet der Strang

(von Alexander Apeitos / Wahre Verbrechen)

Frauen morden anders, behauptet ein geflügeltes Wort. Dies belegen auch aktuelle kriminologische Studien. Während Männer aus Habgier, Sex und Macht gewalttätig werden können, ist es bei Frauen meist eine Handlung, um Probleme und Konflikte zu lösen. Final. Vor allem, wenn es sich dabei um den Partner handelt. Doch während männliche Täter sich mit dem Mord gerne brüsten, schämen sich Frauen zumeist dafür und sprechen nur höchst ungern darüber. Umso außergewöhnlicher ist der Fall Ruth Ellis, die lieber die Hinrichtung wählt als das Schweigen.

Die bildschöne Frau ist gerade einmal 28 Jahre alt, als sie am 13. Juli 1955 als letzte Frau in Großbritannien hingerichtet wird. Wenige Monate zuvor hat Ruth Ellis ihren Liebhaber David Blakely mit 6 Schüssen aus einem Revolver getötet.

Ein Akt, auf den sich die Öffentlichkeit im biederen Nachkriegsengland voller Begeisterung stürzt. Die Tageszeitung "Daily Mail" beschreibt die Festnahme der jungen Frau wie eine Szene aus einem klassischen Hollywood-Drama: „Sechs Revolver-Schüsse haben die Ostersonntagsruhe in Hampstead erschüttert, und eine wunderschöne Platinblondine stand mit dem Rücken an der Wand“. Begierig wird jedes Detail ans Tageslicht gezogen, um den braven Bürgern eine Geschichte von Liebe und Leidenschaft zu präsentieren, deren Hauptdarstellerin eine "verruchte" Frau aus dem Rotlicht-Milieu ist.

Geboren wurde Ruth Ellis als Ruth Neilson am 9. Oktober 1926 in Rhyl, Wales. Sie ist das dritte von sechs Kindern von Elisabeth Cothals und Arthur Hornby. Zu dieser Zeit sind die "Roaring Twenties" gerade in vollem Gange. Die "Goldenen Zwanziger", wie sie in Deutschland genannt werden, bescheren vielen europäischen Ländern einen deutlichen wirtschaftlichen Aufschwung. Doch bereits 3 Jahre später, 1929, wird die Weltwirtschaftskrise den kompletten Erdball ins Elend reißen. Ruths Mutter Elisabeth ist Belgierin, die nach dem ersten Weltkrieg nach Großbritannien geflüchtet ist. Arthur Hornby wiederum, der Vater der kleinen Ruth, ist ein künstlerisch veranlagter Mensch und arbeitet als Musiker. Für die kleinbürgerliche Familie ist die Krise ein schwerer Schlag, die Eltern können sich und ihre Kinder nur mit Mühe durchbringen. Vielleicht beginnt Arthur deshalb das exzessive Trinken, um mit dem bedrückenden Alltag fertig zu werden. Denn das Geld fehlt an allen Ecken und Enden und es ist schwer, die Familie durchzubringen. Als Ruth 14 Jahre alt ist, bricht sie deshalb sogar vorzeitig die Schule ab und beginnt als Kellnerin zu arbeiten, um ihre Familie finanziell unterstützen zu können.

Im Jahr 1941 entscheiden sie sich zu einem radikalen Schritt: Die gesamte Familie zieht in die Hauptstadt, nach London um. Ruth ist zu diesem Zeitpunkt gerade einmal 15 Jahre alt und ein hübscher Teenager. Zwar ist der Zweite Weltkrieg schon einige Jahre im Gange, aber noch ist England hiervon wenig betroffen. Dort in der Metropole erhofft sich die Familie bessere Job-Chancen und einen Neubeginn.

Tatsächlich wird es einen Neubeginn geben, knapp zwei Jahre später. Doch die Ereignisse im Jahre 1943 entwickeln sich mit Sicherheit völlig anders, als Ruths Eltern sich das erträumt haben.

Vermutlich sind sie schlicht schockiert, als ihnen ihre 17-jährige Tochter beichtet, dass sie schwanger ist. Diese Neuigkeit ist in einer Zeit, in der ein uneheliches Kind das komplette gesellschaftliche Aus darstellt, ein echtes Drama. Damit ist das Mädchen stigmatisiert, zumal sich schließlich herausstellt, dass der Vater ihres Kindes auch keinerlei Pläne hat, den Fehler wieder gut zu machen und Ruth zu heiraten.

Doch zunächst schwebt der hübsche Teenager im siebten Himmel, denn der kanadische Soldat, der sie geschwängert hat, verlobt sich sogar mit ihr. Überglücklich bringt

Ruth einen kleinen Jungen zur Welt, doch das Glück währt nicht lange. Kurze Zeit später rückt der Kanadier mit der unangenehmen Wahrheit heraus, dass er in der Heimat bereits eine Frau und drei Kinder hat. Für die junge Mutter ist dieser Vertrauensbruch wie ein Schlag ins Gesicht und sie reagiert mit einer Kurzschlusshandlung: Ruth verlässt den Soldaten aus Übersee und schwört sich, dass es nie wieder einem Mann gelingen soll, sie zu verletzen.

Nun ist sie auf sich allein gestellt und muss zusehen, wie sie ihren Lebensunterhalt bestreitet. Deshalb gibt Ruth ihren kleinen Jungen zu ihren Eltern und beginnt wieder zu arbeiten. Was zu diesem Zeitpunkt vielleicht noch keiner aus ihrer Familie weiß, höchstens ahnt: Die gutaussehende Ruth, die keinen Schulabschluss vorweisen kann und auch keinen angesehenen Beruf gelernt hat, macht das einzige zu Kapital, was sie hat – ihr außergewöhnlich gutes Aussehen. Die 18-Jährige verdient ihr Geld im florierenden Londoner Rotlichtmilieu, möglicherweise hatte sie hier bereits den kanadischen Soldaten kennengelernt. Ruth arbeitet als Animiermädchen in Nachtclubs, als Nacktmodell und sogar als Prostituierte. Anfang der 50er-Jahre wird sie dann von einem Freier schwanger, doch dieses Mal gibt sie sich keinen romantischen Phantasien hin und treibt das Kind direkt ab, um weiter arbeiten zu können.

Offensichtlich verspürt Ruth dennoch weiterhin so etwas wie den intensiven Wunsch nach einem "normalen" Leben. Ein Leben mit einem treusorgenden Mann, vielleicht sogar einem

Häuschen im Grünen und einem Kind, das sie aufwachsen sehen kann. Denn am 8. November 1950 passiert das Überraschende: Ruth gibt dem Zahnarzt George Ellis, den sie in einem Club kennengelernt hat, das Ja-Wort. Für ihn ist es bereits die zweite Ehe und Ruth wird schnell entdecken, dass das Leben an der Seite dieses Mannes alles andere als normal ist. Ellis ist gewalttätig und die Ehe zum Scheitern verurteilt. Mehrmals versucht Ruth sich von George zu trennen, bleibt aber dennoch bei ihm – trotz der häuslichen Gewalt. Die junge Frau wird schnell schwanger. Vielleicht erhofft sie sich von einem gemeinsamen Kind eine Beruhigung der Situation. 1951 kommt dann ihre gemeinsame Tochter zur Welt. Doch das Kind ist das Ende für die Ehe, denn ihr Ehemann bestreitet die Vaterschaft vehement und wirft der Ex-Prostituierten Untreue vor. Schließlich verlässt er Ruth und das Kind. Wieder einmal bleibt der jungen Frau nichts anderes übrig, als ins Londoner Nachtleben zurückzukehren.

Erneut wurde Ruth Ellis von einem Mann gedemütigt und verstoßen. Die Frau, die sich eigentlich bereits geschworen hatte, sich nie wieder von einem Mann verletzen zu lassen. Aber sie ist zäh und macht verbissen weiter – in dem einzigen Umfeld, in dem sie jemals eine Chance bekommen hat. Die attraktive Blondine ist fleißig, zielstrebig und arbeitet sich empor. Sie mausert sich sogar zur Geschäftsfrau: 1953 leitet Ruth Ellis ihren eigenen kleinen Nachtclub in Knightsbridge, in dem sie auch als

Bardame tätig ist. Und ausgerechnet in diesen Club kommt David Blakely.

Blakely ist zu diesem Zeitpunkt 23 Jahre alt, 4 Jahre jünger als Ruth, die dem attraktiven Playboy und Rennfahrer direkt verfällt. Er ist der Sohn eines schottischen Arztes aus Glasgow und einer Irin. Obwohl er auf eine gute Schule geschickt wird, hat er nur ein einziges Interesse: Rennwagen. Autorennen sind seine Leidenschaft, liebevoll tauft er sein Auto sogar auf den Namen "Emperor". Zwischen dem jungen Lebemann und Ruth beginnt eine stürmische Liebesgeschichte.

Die Beziehung der beiden pendelt zwischen den Extremen: David Blakely wird Ruth gegenüber immer wieder handgreiflich, wenn er betrunken ist. Doch die hübsche Blondine nimmt ihren gewalttätigen Liebhaber sogar noch in Schutz. Später wird sie angeben: "Er schlug mich nur mit Fäusten und Händen, aber ich bekomme sehr schnell Blutergüsse. Häufig war ich deshalb voller blauer Flecken." Trotz der Schläge kommt sie nicht los von dem gutaussehenden jungen Mann, der sie zudem wiederholt und völlig offen betrügt. Allerdings hat auch sie nebenbei noch einen anderen Liebhaber: Desmond Cussen. Während dieser sie offenbar sehr liebt und ihr immer wieder seine Liebe gesteht, erwidert Ruth dessen tiefe Zuneigung nicht wirklich. Sie ist fixiert auf Blakely und der bodenständige Cussen ist das komplette Gegenteil von ihm.

Aber David Blakely scheint das Interesse an Ruth Ellis irgendwann völlig verloren zu haben. Er zieht sich mehr und mehr zurück und es kommt oft zu Streit, welcher in häuslichen Gewaltexzessen endet. So auch Ende März 1955. Dieses Mal überspannt der Rennfahrer den Bogen: Er schlägt der zu diesem Zeitpunkt erneut schwangeren Ruth so heftig in den Unterleib, dass sie eine Fehlgeburt erleidet.

Die junge Frau kommt in ein Krankenhaus, wird aber kurze Zeit später wieder entlassen. Anstatt den Vorfall zu bedauern, gibt David Blakely jedoch ihr die Schuld dafür, dass er sie geschlagen hat und sie aufgrund dessen ihr ungeborenes Kind verloren hat.

Was muss in diesem Moment in Ruth Ellis vorgegangen sein? War dies der Augenblick, in dem sie entschieden hat, ihrem emotionalen und physischen Leiden ein Ende zu setzen?

Am 10. April 1955 lauert Ruth David Blakely vor dem Haus seiner Freunde auf. Es ist Ostersonntag. Als er und ein Bekannter herauskommen und in sein Auto steigen, versucht sie den beiden zu folgen, verliert sie aber schnell aus den Augen. Doch der Frau kommt der Zufall zu Hilfe: Sie entdeckt Davids Wagen schließlich vor einem Pub in South Hill Park, Hampstead, North London. Geduldig wartet Ruth solange auf der Straße, bis Blakely endlich das Lokal verlässt, um ihn abzufangen. Will sie ihm noch einmal eine Chance geben, um sich zu erklären und sich womöglich zu entschuldigen?

Doch als er die Bar verlässt, ignoriert er seine wartende Exfreundin, so als würde er sie überhaupt nicht kennen. Vermutlich ist dieses Verhalten der Trigger, der Ruth in ihrem

Vorhaben bestärkt. Sie zieht einen 38er Revolver der Marke Smith & Wesson aus ihrer Handtasche und feuert auf ihren Ex-Geliebten.

Die erste Kugel verfehlt ihn. Sie prallt an einer Hauswand ab und trifft eine unschuldige Passantin an der Hand. Noch ein Schuss!

David Blakely fällt zu Boden, das Gesicht nach unten. Aber er ist nur angeschossen. Ruth geht auf Blakely zu, stellt sich über ihn und schießt vier weitere Kugeln auf seinen Rücken.

Doch Ruth ist noch nicht fertig: Sie hält die Waffe an ihren eigenen Kopf. Über das, was folgt, gibt es unterschiedliche Versionen. Während es einerseits heißt, sie hätte es nicht über sich gebracht abzudrücken, wird andererseits ebenfalls behauptet, die Waffe hätte blockiert. Doch damit sind die Selbstmordabsichten jedenfalls vom Tisch. Schließlich, wie zur Bestätigung, schießt Ruth die restlichen Kugeln auf den Boden ab und weist David Blakelys Bekannten an, die Polizei zu rufen.

Als die Polizei am Tatort eintrifft, lässt Ruth Ellis sich widerstandslos festnehmen. In der Hand hält sie noch immer den Revolver.

David Blakely verstirbt noch während der Fahrt ins Krankenhaus.

Gerade einmal gut zwei Monate später, am 20. Juni 1955, wird der Fall von Ruth Ellis vor dem Londoner Strafgerichtshof Old

Bailey verhandelt – vor Richter Cecil Robert Havers und einer Jury.

Der Prozess ist kurz, denn die Beweise sind erdrückend. Zumal es auch Zeugen gibt, die den Tathergang direkt verfolgt haben. Insofern stellt der Staatsanwalt Ruth Ellis nur eine einzige Frage. Diese lautet: Was hatte sie vor, als sie mit dem Revolver auf ihr Opfer schoss? Und Ruth antwortete mit entwaffnender Ehrlichkeit: „Es ist offensichtlich. Als ich auf ihn schoss, wollte ich ihn töten."

Ruths Verteidigung ist offenbar ebenfalls von deren Schuld überzeugt. Weder versucht ihr Anwalt einzulenken noch auf entlastende Tatsachen hinzuweisen. Vielmehr unterstützt er sogar noch die These, Anlass für den Mord an David Blakely sei weibliche Hysterie gewesen. Eine veraltete Sichtweise, bei der davon ausgegangen wurde, dass Hysterie eine neurotische Störung von Frauen sei, die teilweise als subtiler Kampf gegen die männliche Übermacht gedeutet wurde. Diese Ansicht gilt spätestens seit den 1980er-Jahren als widerlegt.

Zwar bietet die Staatsanwaltschaft Ruth Ellis an, die Mordanklage fallen zu lassen, wenn sie auf schuldig wegen Totschlags plädiert. Doch die junge Frau, die ausgesprochen heiter und entspannt wirkt, gesteht den Mord an ihrem Liebhaber bereitwillig. Wäre Ruth auf diesen Deal eingegangen, hätte sie keine Möglichkeit gehabt, ihre Version zur Vorgeschichte der Tat sowie den Hergang vor Gericht zu erzählen.

Bis zum Schuldspruch dauert es knapp eine halbe Stunde. Dann wird das Urteil verkündet: Tod durch Erhängen.

Während ihrer Zeit im Gefängnis soll Ruth Ellis sehr ruhig und ausdruckslos gewirkt haben, vielleicht sogar ein wenig zufrieden.

Am 13. Juli 1955 wird Ruth um 9:00 Uhr durch Albert Pierrepoint hingerichtet. Bevor die Falltür sich unter ihr öffnete, legte sie ihre Schultern zurück und lächelte. Für die Betrachter ist dies fast ein wenig unheimlich – worüber freute sich die Frau? Hoffte sie womöglich, endlich wieder mit ihrem geliebten David vereint zu sein?

Diese Frage wird auf alle Zeit unbeantwortet bleiben – wie auch eine andere Frage, die die Ermittler noch weit über den Tod von Ellis' hinaus beschäftigen wird. Von wem hat sie die Tatwaffe bekommen?

Häufig wird vermutet, dass ihr zweiter Geliebter Desmond Cussen ihr den Revolver besorgt hat. Gelegentlich wird behauptet, der sie innig liebende Mann hätte die verrückte und zerstörerische Beziehung zwischen Ruth und David nicht mehr mitansehen können. Bewiesen werden konnte diese Vermutung jedoch nie und Cussen bestritt den Vorwurf bis zu seinem Tod.

Letztlich ist die Geschichte von Ruth Ellis eine tragische Angelegenheit. Es ist die Geschichte einer Frau, die eigentlich nur ein besseres Leben haben wollte als jenes, welches Frauen zu dieser Zeit erwartete. Doch sie bekam keine Chance in der männerdominierten Welt der damaligen Zeit. Immer wieder erlebte sie nur Gewalt, Demütigung und Missbrauch – anstatt die große Liebe zu finden und eine eigene, heile Familie zu haben. War sie einfach zu naiv?

Thomas L. Jones von "Crime Library" wird über sie später schreiben: "Ihr Unglück war nicht, dass sie einen Mann getötet hat. Oder dass sein Tod dazu führte, dass sie die letzte Frau war, die vom britischen Rechtssystem zum Tod durch den Strang verurteilt wurde. Die wirkliche Tragödie ist vielmehr, dass sie aus Liebe zu einem Mann starb, der diese nicht verdient hat."

Ihr ganzes kurzes Leben lang hat Ruth Ellis immer von einer großen Veränderung geträumt, doch sie wird nie erfahren, dass ausgerechnet ihr Tod etwas Großes bewirken wird: denn sie wird die letzte Frau sein, die in Großbritannien hingerichtet wird.

Ihre Verurteilung bewegt die Öffentlichkeit; noch bis kurz vor ihrer Hinrichtung fordern Tausende die Begnadigung für die junge Frau. Der Großteil der Bevölkerung Englands hält die Todesstrafe für falsch. Der damalige britische Innenminister erhält eine Flut von wütenden Briefen, sogar eine Unterschriften-Petition wird eingereicht. Selbst der Richter legte dem Minister nahe, Ellis zu begnadigen. Doch der bleibt hart und lässt die junge Frau zum Schafott gehen.

In den darauffolgenden Jahren werden aufgrund der großen öffentlichen Empörung schließlich die Gesetze geändert.

Ellis' Sohn Adam kam nach der Hinrichtung seiner Mutter in ein Internat; Jahre später interviewte er den damaligen Staatsanwalt im Prozess seiner Mutter. Dem Sohn ist es ein wichtiges Anliegen, das Bild seiner Mutter zu korrigieren. Denn damals wurde wiederholt behauptet, sie sei eine "kaltblütige" Person gewesen. Für Adam ist es wichtig klarzustellen, dass dies nicht den Tatsachen entspricht. Er hat seine Mutter vollkommen anders in Erinnerung.

Im Jahr 1982 begeht Adam Selbstmord.

Auch die Tochter Georgie stirbt im Jahre 2001 an Krebs. Bis zu ihrem Tod war die Autorin und Geschäftsfrau bemüht, den Namen ihrer Mutter reinzuwaschen.

Kapitel 11:

Ein Pakt unter Hoffnungslosen

Es ist ein Anblick, der einen zutiefst bewegt: die knochenbleichen, mächtigen Kreidefelsen von Beachy Head an der englischen Küste. Gut 160 Meter ragen die Klippen schroff über dem an dieser Stelle endlos wirkenden Meer auf. Nur der Himmel ist die Grenze. Dies gibt Beachy Head ein ganz besonderes Flair. Der Felsen wirkt beinahe wie eine Brücke in die Unendlichkeit. Und am 7. Juni 2002 ist er genau das.

Als der fast nackte Leichnam eines jungen Mannes an diesem Tag auf den Steinen am Fuß der Klippe gefunden wird, ist es ein Schock. Sein Körper ist völlig zerschunden, die Knochen gebrochen vom Aufprall. Mit verdrehten Gliedern liegt er da, er trägt nur noch eine Unterhose am Leib. Ein bedrückender, traumatischer Anblick – selbst für die Polizisten, die ihn bergen. In Wahrheit ist es sogar ein Anblick, den sie wieder und wieder ertragen müssen. Denn die Landspitze an der englischen Südküste in der Nähe der Stadt Eastbourne in der Grafschaft East Sussex ist die höchste natürliche Erhebung im Land. Durch die Kombination aus Höhe und der mystischen Ausstrahlung der Kreideklippen hat sich Beachy Head zu einem legendären Anziehungspunkt für Selbstmörder in Großbritannien entwickelt. Wer sich hier im Angesicht des unendlichen Ozeans hinabstürzt, kommt in gerade einmal acht Sekunden in der Ewigkeit an.

Der junge Mann war etwa Mitte dreißig. Oben auf der Klippe findet die Polizei seine Kleidung, die er vor dem Sprung ausgezogen, sorgfältig zusammengefaltet und auf einen kleinen Stapel gelegt hat. In der Hosentasche seiner Jeans entdecken die Ermittler einen Zettel mit einer handschriftlichen Notiz darauf: der Adresse eines Internet-Cafés in London. Auf der Rückseite ist eine Telefonnummer vermerkt – ohne Namen. Wieso war dieser Zettel dem Lebensmüden so wichtig, weshalb trug er ihn in seinen letzten Momenten bei sich? Soll dies ein Hinweis an denjenigen sein, der ihn findet, doch bitte seine Angehörigen zu informieren?

Offensichtlich hat der Sturz vom Kreidefelsen den jungen Mann getötet. Aber die Polizisten stehen vor vielen offenen Fragen. Ist der Mann wirklich freiwillig in den Tod gesprungen? Handelt es sich womöglich um einen vertuschten Mord? Oder hatte er Hilfe bei seinem Selbstmord? Hat ihm jemand assistiert und ihm dabei zur Seite gestanden? Denn dies ist seit dem „Suicide Act“-Gesetz von 1961 in Großbritannien eine kriminelle Handlung, die unter Strafe steht.

Bis in die 50er-Jahre des 20. Jahrhunderts war die Selbsttötung in England ein schwerwiegendes Delikt, das von der Obrigkeit strengstens geahndet wurde. Nach öffentlicher Auffassung handelte es sich nämlich um ein Vergehen sowohl gegen Gott als auch den König. Wer seinen Selbstmord überlebte, wurde daher bestraft. Im Falle des Todes konnten die Angehörigen des Selbstmörders belangt werden. Erst in den 50er-Jahren änderte sich die Ansicht der englischen Kirche in Bezug auf das Thema. Mehr und mehr setzte sich der Gedanke durch, dass eine geeignete Betreuung durch Ärzte, Psychiater und Psychologen in Kombination mit medikamentöser Behandlung sowie generell vorbeugende Maßnahmen doch die bessere Alternative im Umgang mit lebensmüden Menschen ist. 1961 verabschiedete das Parlament schließlich eine modernere Gesetzgebung, die unter der Bezeichnung „Suicide Act“ bekannt wurde. Es ist allerdings ein Dokument, welches das extreme Ringen mit dem Thema Selbstmord verrät, denn noch bei der Verabschiedung vertraten der damalige Premierminister sowie der Innenminister deutlich entgegengesetzte Positionen. Mit dem „Suicide Act“ ist Selbstmord an sich kein strafwürdiges Delikt mehr – mit einem nicht unbedeutenden Haken! Stattdessen definiert der zweite Paragraph des Gesetzes nun einen anderen Straftatbestand, nämlich die Mittäterschaft bei der

Selbsttötung. Gemeint ist damit die Unterstützung eines Lebensmüden beim Suizid, wobei dies auch die Beratung einschließt, wie man am effektivsten Hand an sich legt.

Als Strafe für eine solche Mittäterschaft sind bis zu 14 Jahre Gefängnis möglich. Ziel dieser neuen Gesetzgebung ist es zu verhindern, dass Mörder sich womöglich auf den „Suicide Act" berufen. Denn sie könnten ohne diesen zweiten Paragraphen stets angeben, dass sie der getöteten Person nur geholfen hätten, einen Selbstmord zu begehen. Ähnliche Gesetze bestehen in nahezu allen Ländern weltweit. Und so ist der assistierte Selbstmord seit 1961 in Großbritannien eine kriminelle Handlung. Dies soll für die weiteren Ermittlungen noch bedeutend sein.

Zunächst gehen die Ermittler davon aus, dass es sich bei dem Selbstmörder von Beachy Head um den 36 Jahre alten Schotten Louis Gillies aus Glasgow handelt. Immerhin ist es seine Telefonnummer auf dem Papierschnipsel, der in den Jeans des Toten gefunden wurden

Louis Gillies hat erfolgreich ein Studium abgeschlossen, ist gutaussehend und stammt aus einer wohlhabenden Familie. Aber was die wenigsten wissen: Er hat psychische Probleme, ist depressiv und hegt seit langer Zeit Selbstmordgedanken. Alles, was Gillies in seinem Leben erreicht, empfindet er als nicht gut genug. Das intensive Gefühl, ein Versager zu sein, ist sein stetiger Begleiter. Doch anstatt zu einem Arzt oder Psychologen zu gehen, sucht er die Nähe zu Gleichgesinnten. Menschen, die ebenfalls mit dem Leben abgeschlossen haben und nun nach einem Weg suchen, endlich den finalen Schritt zu gehen, der ihr Leiden in dieser Welt beendet. Unter dem Nickname „Leander“ ist Gillies im Suizid-Forum eines Internetportals aktiv.

Die Internetseite startet bereits 1987 im damaligen „Usenet“ als Info-Portal, in dem der britische Gründer Wege vorstellt, um Selbstmord zu begehen. Mit der Zeit entwickelt sich die Newsgroup jedoch zu einem Treffpunkt von Personen, für die Suizid eine Lösung ihrer Probleme mit dem Leben darstellt. Dabei sieht sich das Portal selbst nicht als „pro Selbstmord“, sondern eher als Plädoyer für eine eigene freie Entscheidung in Bezug auf das Thema sowie die Legalisierung der Selbsttötung. Mit dem Fortschreiten der technischen Möglichkeiten entstehen schnell auch Chatrooms, Unterseiten und Mailing-Listen. Das Portal erregt im September 1992 erstmals öffentliches Aufsehen, als sich einer der Nutzer, ein Computer-Programmierer, tatsächlich das Leben nimmt und sich dazu im Forum Anregungen holt. Später begeht auch der Initiator des Forums Selbstmord. Im Jahr 2016 ist die Plattform, die in Zusammenhang mit mindestens 14 Selbsttötungsfällen steht, „eingefroren“; die meisten Nutzer tummeln sich inzwischen jedoch stattdessen im Untergrund des Internets, im Darknet.

Zu der Zeit, als Gillies auf das Darknetforum stößt, tauschen sich Menschen, die ihrem Leben am liebsten ein Ende setzen würden, miteinander aus – über ihre Gedanken, ihre emotionale Situation. Ein besonders wichtiges Thema ist dabei, welche Selbstmordmöglichkeiten es gibt sowie deren jeweilige Vor- und auch Nachteile. Was sollte man beachten, wenn „es" getan werden soll? Was ist zu vermeiden, damit man auch wirklich „den Bus bekommt"? Speziell diese Formulierung ist eine Art „Insider" bei den Nutzern, mit der die Selbsttötung beinahe schon liebevoll bezeichnet wird. Häufig feuern sich die Mitglieder der Newsgroup sogar an, „es" endlich durchzuziehen. In dieser Umgebung bekennt Gillies unter seinem Nickname „Leander" mehrfach, dass ihn der Gedanke an Beachy Head intensiv umtreibt.

Am 5. Juni postet der User Leander in der Community den Hinweis, dass „assure-me" den Bus bekommen habe – an Beachy Head. Und das trotz „unglaublicher meteorologischer Bedingungen". Der Eintrag wird in einem Internet-Café geschrieben, wie sich anhand der IP nachweisen lässt – auf der Strecke von Eastbourne nach Glasgow. Offensichtlich hat das Erlebnis Leander sehr erregt und aufgewühlt, denn seine Zeilen verraten ein regelrechtes Hochgefühl. Er beschreibt den Suizid-Akt sogar als „inspirierend, ergreifend, hypnotisierend". Viele in der ASH-Community bezweifeln deshalb, dass Leander tatsächlich selbst ernsthaft springen wollte. Auf sie wirkt dies eher wie die Worte eines Voyeurs.

Schon einen Tag später meldet sich Leander erneut im Chatroom zu Wort. Dieses Mal erklärt er, wieso er es nicht geschafft habe seinem Leben ebenfalls, wie geplant, ein Ende zu setzen. Er betont, dass ihn die Witterung irritiert habe – das

Grollen der See, der dumpfe Ton eines Nebelhorns, das Pfeifen des Windes. Und durch den Nebel habe er den Grund nicht sehen können. All dies habe ihn so verunsichert, dass er nicht habe springen können.

Für die Polizisten ist es eine beklemmende Pflicht, die Angehörigen eines Selbstmörders über dessen Freitod zu informieren. Auch in Bezug auf den Mann von Beachy Head, den die Ermittler zu diesem Zeitpunkt noch für Louis Gillies halten, obliegt ihnen dieser schwere Gang. Der Glasgower Wohnsitz der Familie ist schnell ermittelt, doch als die Polizei an der Tür klingelt, erwartet sie eine unerwartete Überraschung: ein Mann Mitte Dreißig öffnet ihnen. Es ist der totgeglaubte Louis Gillies!

Zu den Vorgängen von Beachy Head befragt, erklärt der 36-Jährige ohne Zögern, dass er Angaben über den Suizid machen könne. Zunächst sehen die Ermittler in dem jungen, gebildeten Mann lediglich einen potenziellen Zeugen, doch schnell entwickelt sich mehr daraus. Denn das, was Gillies bei den Polizisten zu Protokoll gibt, lässt die erfahrenen Ermittler aufhorchen.

Unverblümt berichtet Gillies bei seiner Aussage zudem über das Internetforum, bei dem er unter dem Nickname „Leander“ angemeldet ist. Hier lernt er den anderen Mann, den späteren Toten von Beachy Head, unter dem Pseudonym „assure-me“ kennen.

Dieser bekennt im Forum mehrfach, dass ihn der Gedanke an Beachy Head fasziniert – ebenso geht es Gillies. In einem Eintrag vom 23. November 2001 beschreibt assure-me, dass er eine Reise nach Beachy Head unternommen habe, um „es“ zu tun – doch er schreckte in letzter Minute zurück. Ihm fehlt zu diesem Zeitpunkt der Mut. Assure-me sucht von da an im Forum ebenfalls gezielt nach jemandem, der ihn bei seiner finalen Handlung unterstützt. Jemanden, der sich gemeinsam mit ihm in den Tod stürzt, um so ein Zaudern zu verhindern. Bereits seit Januar 2002 tauschen sich die beiden Männer daher regelmäßig per E-Mail miteinander aus, Themen sind ihre Selbstmordabsichten sowie die beste Art und Weise „es“ zu tun. Und sie machen schließlich Ernst - im Zeitraum von Ende Mai bis zum 7. Juni trifft assure-me, alias Michael Gooden, schließlich im Gasthaus von Beachy Head auf Leander.

Denn der Ort, an dem die beiden „den Bus nehmen“ wollen, sollen die majestätischen Kreidefelsen von Beachy Head sein. Wie besprochen reisen beide Männer am festgesetzten Tag, laut Gillies der 5. Juni, nach Eastbourne, um sich hier zunächst zu einem gemeinsamen Essen im „Beachy Head Hotel“ zu treffen. Bei dieser Gelegenheit sehen sich die beiden Lebensmüden zum allerersten Mal, bislang kannten sie nur ihre Nicknames. Für nicht Eingeweihte ist es extrem schwer, sich dieses Essen vorzustellen. Haben sich die beiden Männer bei dieser Gelegenheit endlich ihre echten Namen verraten, oder blieben sie bis zuletzt anonym? Konnten sie sich, angesichts ihres bevorstehenden Todes, tatsächlich entspannt miteinander unterhalten? Worüber sprachen sie in diesen letzten Momenten? Bekamen sie tatsächlich einen Bissen hinunter?

Um 20:30 Uhr machen sich die Männer schließlich auf den Weg zu den Klippen; vom Hotel aus sind es bis zu Beachy Head nur wenige Meter. Der Abend ist nebelig; Gillies zufolge habe man nicht einmal zehn Meter weit sehen können. Als sie auf der Klippe stehen, warten sie noch einen Moment. Lauschen in die Stille. Die Feuchtigkeit vom Meer zieht zu ihnen hinauf. Der Nebel macht alle Geräusche dumpf – doch dann zerreißt jäh das Klingeln eines Handys die aufziehende Nacht.

Gillies nimmt den bei ihm eingehenden Anruf entgegen, am Apparat ist ein langjähriger Freund, der an Hodenkrebs leidet. Der ist vollkommen außer sich, als er hört, was Gillies vorhat. Schlagartig setzt der Freund alles daran, Gillies die Geschichte auszureden, kämpft um ihn mit Worten. Ganze zehn Minuten dauert das Gespräch, bis der 36-jährige Gillies endlich doch einwilligt, seinen Plan nicht in die Tat umzusetzen. Dann bittet ihn der Anrufer angeblich, das Telefon an Gooden weiterzureichen, um auch mit diesem zu sprechen.

Doch genau in dem Moment, so Gillies Bericht, habe er den Kopf des Gefährten über die Klippe kippen sehen. Dann sei Goodens Körper im Nebel verschwunden. Während er durch den Anruf abgelenkt war, ist sein Begleiter in den Tod gesprungen.

Offensichtlich haben die Polizisten große Schwierigkeiten, Gillies Geschichte in diesem Punkt zu glauben.

Er soll Goodens Sprung in den Tod nicht mit angesehen haben, obwohl er direkt dabei stand? Und auch der zufällige Anruf im letzten Moment wirkt auf die Ermittler eher wie erfunden.

Es besteht Mordverdacht, deshalb wird Gillies zunächst verhaftet. Währenddessen startet die Polizei Untersuchungen zu der Person, die als assure-me im ASH-Forum aktiv war, und stößt schnell auf den Londoner Michael Gooden und auf die Kommunikation zwischen ihm und Gillies.

Bis ins Jahr 2001 arbeitet Gooden, der im Stadtteil Camberwell lebte und keine Angehörigen mehr hatte, bei der Post und scheint ein ganz normales Leben zu führen. Doch dann gibt es einen radikalen Einschnitt, wie seine frühere Freundin Alex St Brice, der Polizei gegenüber angibt. Was nun folgt, wirkt beinahe wie eine Art Sinnsuche: Der junge Mann kündigt in diesem Sommer seine sichere Anstellung und unternimmt eine ausgedehnte Asienreise. Er bereist Thailand, Vietnam und Kambodscha, um schließlich wieder nach England zurückzukehren. Alex St Brice, die auch einige Zeit mit Gooden zusammen in Camberwell gelebt hatte, berichtet zudem über ein extrem traumatisches Erlebnis, das sich in Thailand zugetragen hat. Hier verliebt sich eine junge Frau Hals über Kopf in Gooden, als dieser sie jedoch zurückweist, bringt sie sich seinetwegen um. Der Gedanke daran lässt ihn seither nicht mehr los. Hat er deshalb Schuldgefühle, die er nicht verarbeiten kann?

Die Nachricht vom Suizid ihres Ex-Freundes ist ein schwerer Schlag für St Brice. Die junge Frau ist schockiert, als sie die Nachricht bekommt, denn sie hat Gooden vor allem als unglaublich rücksichtsvollen und sanften Menschen in Erinnerung, eine Person ohne einen negativen Charakterzug. Für sie steht unverrückbar fest, dass er unmöglich Selbstmord begangen haben kann. Offenbar kannte St Brice ihren Ex-Freund nicht so gut, wie sie denkt. Denn bei den weiteren Ermittlungen der Polizei stellt sich heraus, dass Gooden in Wahrheit sogar an schwersten Depressionen litt und intensivste Selbstmordphantasien hatte.

Anhand dieser Ermittlungsergebnisse ist die Anklage wegen Mordes gegen den 36-jährigen Gillies zwar schnell wieder vom Tisch, aber die Mittäterschaft bei einem Selbstmord nach dem „Suicide Act“ von 1961 steht immer noch im Raum. Deshalb soll der 36-jährige Gillies, trotz der starken Depressionen, unter denen er selbst leidet, vor Gericht gestellt werden. Dabei ist dies einer der allerersten Fälle in Großbritannien, bei denen der Paragraph 2 des „Suicide Act“ zur Anwendung kommt.

Für den 22. April 2003 wird die Verhandlung vor dem Lewes Crown Court in Eastbourne angesetzt. Doch der Angeklagte, Louis Gillies, erscheint nicht zur Eröffnung seines eigenen Prozesses. Der Richter ordnet daraufhin kurzerhand einen Haftbefehl an, den die Polizei direkt umsetzen soll. Als die Kollegen in Glasgow wenige Stunden später an der Haustür von Gillies klingeln, um ihn abzuholen, öffnet er nicht. In der familieneigenen Wohnung in der Bank Street, einem luxuriösen

Apartment mit Dachterrasse, ist kein Laut zu hören. Versteckt sich Gillies womöglich, um sich so der Verhandlung zu entziehen? Kurzerhand wird die Wohnungstür von den Polizisten geöffnet, doch als sie hineingehen, erwartet sie ein schrecklicher Fund: Gillies hat sich selbst in seinem Apartment erhängt. Neben ihm liegt ein Abschiedsbrief.

Haben das Gerichtsverfahren und der starke öffentliche Druck bewirkt, dass sich Gillies schließlich doch entschlossen hat den „Bus zu nehmen"? Eine tragische Entwicklung – aber möglicherweise die für den depressiven Studenten aufgrund der Umstände einzig denkbare Lösung.

Offen bleiben zahllose Fragen: Wie kann es sein, dass talentierte, attraktive, junge Männer, die ihr gesamtes Leben noch vor sich haben, den Freitod wählen? Wieso hatten sie den Eindruck, dass sie nichts haben, wofür es sich zu leben lohnt? Und wieviel Schuld trägt das verhängnisvolle Internetportal mit seinen zahllosen Tipps und Anleitungen an ihrem Tod?

Kapitel 12:

Die Ersatzfamilie

Der 10. Mai 2009 verspricht ein schöner Frühlingstag zu werden. Ideal zum Fischen. Deshalb entscheiden sich die beiden Angler, einen entspannten Tag an der „Blue Lagoon“, einem Teich in Arlesey, Bedfordshire zu verbringen. Dieser Teich liegt im Osten Englands, nahe der Städte Stevenage und Luton. Seitdem Anfang der 30er-Jahre der Steinbruch stillgelegt und die Gruben mit Wasser gefüllt wurden, ist die idyllisch zwischen ausgedehnten Wiesen und Feldern gelegene Wasserfläche ein beliebtes Ausflugsziel sowie ein gutes Angelrevier. Doch was die beiden Angelfreunde an diesem Tag im Mai an Land ziehen werden, hat nichts Idyllisches an sich.

Als sie am Strandbereich ankommen, entdecken sie eine umgekippte Schubkarre im flachen Wasser. Daneben liegt ein großer Haufen Plastik. Zunächst sind die Männer schlicht verärgert. Sie beschließen, die Schubkarre und den Plastikhaufen an Land zu ziehen. Doch je näher sie kommen, desto mehr beschleicht die beiden Angler das Gefühl, dass hier etwas seltsam ist. Aus dem Gefühl wird schlagartig pure Panik, als sie schließlich realisieren, was hier im Wasser treibt – ein menschlicher Torso!

Die Polizei von Hertfordshire, die direkt alarmiert wird, birgt die große Tragetasche aus dem flachen Wasser. Zum Vorschein kommt ein verstümmelter, kopfloser Rumpf, der sowohl auf der Vorder- als auch auf der Rückseite Anzeichen für Gewalttaten aufweist. Es wird vermutet, dass die Schubkarre genutzt wurde, um die menschlichen Überreste hierher zum See zu bringen. Da der Körper bereits aufgedunsen ist und auch faltig aufgequollene „Waschhaut" vorhanden ist, sind sich die Polizisten sicher, dass er bereits einige Tage im See gelegen haben muss. Höchstwahrscheinlich mit etwas beschwert, damit die Leiche unter Wasser bleibt. Bei der sogenannten „Waschhaut" handelt es sich um ein Phänomen, das bei Wasserleichen typisch ist. Das aufgedunsene Aussehen ist darauf zurückzuführen, dass Körperfett bei vollständigem Fehlen von Luft in Fettwachs umgewandelt wird, welches die Körperform dann wie einen Panzer umschließt.

Bei der Suche entdecken die Polizisten glücklicherweise auch die Hände und Füße des Opfers. So kann der Tote relativ schnell identifiziert werden: es handelt sich um Michael Gilbert. Der junge Mann lebte in Blackburn, Lancashire, hatte aber auch

Verbindungen nach Cambridge und King's Lynn in Norfolk. Der Kopf bleibt verschwunden.

Die Polizei von Hertfordshire sucht in den nächsten Tagen mit Hochdruck nach dem Mörder, sogar eine mobile Polizeistation wird an der Blue Lagoon eröffnet und zahlreiche Suchplakate ausgehängt.

Die gerichtsmedizinische Untersuchung bringt weitere schockierende Fakten zutage, obwohl der bereits weit fortgeschrittene Verwesungszustand es nicht zulässt, die genaue Todesursache festzustellen. Bei der Enthauptung wurde das weiche Gewebe am Hals mitsamt der Aorta mit einem Messer durchtrennt. In der Brust befindet sich eine Stichwunde, bei der eine Arterie durchtrennt sowie mehrere innere Verletzungen beigebracht wurden. Daneben sind noch zwei weitere Stichverletzungen vorhanden. Außerdem sind innere Verletzungen im Bereich des Magens und der Eingeweide erkennbar und es befinden sich im unteren Rücken Luftgewehrkugeln unter der Haut.

Schon kurze Zeit später gibt die Polizei zunächst bekannt, dass in diesem Mordfall fünf Personen verhaftet worden sind. Wenige Tage später werden noch zwei weitere inhaftiert.

Michael Gilbert wurde 1982 als drittes von insgesamt fünf Kindern geboren. Leider war seine Familie alles andere als ein Hort von Geborgenheit und so wächst der eigentlich fröhliche Junge mit dem rundlichen Gesicht und der großen Brille teilweise in Heimen auf. Den meisten seiner Geschwister geht es ähnlich. 1993 beschuldigt seine Schwester den damals gerade 11 Jahre alten Michael, sie sexuell belästigt zu haben. Dieser Vorfall ist es vermutlich, der seinen Charakter nachhaltig prägen wird. Ab diesem Zeitpunkt ist der Junge stigmatisiert. In der Schule ist er das Opfer von Mobbing, vor allem nachdem ihm im Alter von 13 Jahren eine Brust abgenommen werden muss.

Als sich Michael 1998 wieder einmal in einem Heim aufhält, trifft er dort auf den jungen James Watt, dem er sich anschließt. Dieser hat von Haus aus kriminelles Potential und beide begehen gemeinsam diverse Straftaten. Im Jahr 2000 sind beide bereits polizeibekannt und mehrfach verurteilt. Bei Michael bestehen schon damals deutliche psychische Probleme.

Sein jüngerer Bruder Chrissy wird später vermuten, dass Michael mit 15 Jahren ein so leichtes Opfer für James Watt war, weil ihn die lange Zeit im Heim seiner eigenen Familie völlig entfremdet hätte. Der Teenager wächst zu einem sehr verletzlichen und naiven jungen Mann heran, den andere mit spielerischer Leichtigkeit ausbeuten können. Lediglich der Kontakt zu James Watt ist die einzige Konstante in seinem Leben. Fatalerweise.

Nach seiner Zeit im Heim hält Gilbert den Kontakt mit James Watt aufrecht – bis zu seinem Tod. 2006 wird sich Michael selbst sogar als Teil dieser Familie bezeichnen.

Die vielköpfige Watt-Familie ist in Luton bekannt wie ein bunter Hund. Aufgrund einschlägiger Erfahrungen werden sie entweder als „Lutons berüchtigste asoziale Nachbarn“ betitelt oder aber als „Karikatur der Nachbarn aus der Hölle“. Die meisten Familienmitglieder gehen keiner Beschäftigung nach und sind bekannt für ihre Gewalttätigkeit sowie kriminellen Taten. Zum Hausstand gehören zahlreiche Tiere, neben Kampfhunden auch einige große Echsen. Immer wieder kommt es zu Wohnungswechseln, wobei sich die Nachbarn standardmäßig beklagen, dass es mit der Ruhe und dem Frieden dort vorbei ist, sobald die Watts auftauchen. Nachbarn berichten davon, dass die Watts Baseballschläger bei sich tragen sowie Messer und behaupten, dies sei „zu ihrem eigenen Schutz“. Sie verursachen Lärm, gelten als dreckig und ungepflegt. Ein Nachbar sieht sich sogar gezwungen eine Überwachungskamera zu installieren, denn die Watts kommen bei seiner Abwesenheit immer wieder auf das Grundstück der Familie, um Frau und Tochter durch die Fenster anzustarren. Im Jahr 2001 sucht die Polizei die Familie ganze 112 Mal auf.

Die Liste der kriminellen Taten der einzelnen Familienmitglieder ist beeindruckend: Im Jahr 2009 kann James Watt (27) 14 Verurteilungen für 22 verschiedene Straftaten vorweisen, darunter Überfälle und Schießen auf Personen mit dem Luftgewehr. Sein Bruder Robert (20) ist zweifach verurteilt, u.a. wegen Diebstählen. Auch die Frauen in dieser Familie stehen ihren Partnern in nichts nach. James Freundin, die zweifache Mutter Natasha Oldfield (29), hat Überfälle begangen; Nichola Roberts (21), die Partnerin von Richard Watt, kann sogar mit vier Verurteilungen und einmal Kaution „glänzen“, jedes Mal hat sie getankt ohne zu bezahlen. Lediglich die Matriarchin dieses Clans, Jennifer Smith-Dennis (58), hat juristisch gesehen bis zum Jahr 2009 eine weiße Weste.

Ausgerechnet diese Familie sucht sich Michael Gilbert als Ersatzfamilie aus. Dabei müssen die folgenden zehn Jahre wie die Hölle auf Erden gewesen sein, denn er wird wie ein Sklave von den Watts gehalten und muss für sie arbeiten, immer wieder wird er aufs Brutalste gefoltert und gequält. Mehrfach werden die Taten sogar auf Video aufgezeichnet: Belegt sind Aufnahmen davon, wie Michael mit einem Messer verletzt und mit einem Baseballschläger geschlagen wird. Er wird aber auch mit Billardbällen beworfen und getreten. Des Weiteren existieren Dokumente davon, dass jemand mit einem Luftgewehr auf den jungen Mann schießt, er seinen eigenen Urin trinken oder in kochendem Wasser stehen muss. Man hetzt die Pit Bulls auf den 26-Jährigen oder zwingt ihn, eine der großen Echsen so lange mit einem Stock zu reizen, bis die ihn schließlich attackiert.

Die Lebensgefährtin seines „Freundes“ James Watt, der auch derjenige ist, der Michael am meisten quält, erfindet sogar ein Spiel, das sie „Game Show“ nennt. Hier erhalten Personen, die Gilbert malträtieren, eine Art Preisgeld – abgestuft nach Heftigkeit. Oldfield listet in ihrem Tagebuch neben den „Gewinnsummen“ (5 Pfund pro Ohrfeige, 10 Pfund für einen Boxhieb, 15 Pfund für einen Tritt und 25 Pfund bringt ein Kopfstoß) auch Ideen für weitere Game Shows auf. Offenbar sah die Familie die Behandlung des jungen Mannes als eine Art „Entertainment“.

Doch Gilbert dient nicht nur der Unterhaltung, sondern ist auch eine Art von Melkkuh, denn er muss häufig seine Sozialhilfe an die Watts aushändigen. Kein Wunder also, dass sie alles daransetzen ihn wiederzufinden, bei den Malen, die er ihnen entkommen kann. Dabei gehen die Watts erstaunlich geschickt vor: James Watt kontaktiert das „Department for Work and Pensions“ und da sie Gilberts Nationalversicherungsnummer kennen, gibt er sich als er aus. So können sie herausfinden, wo Gilbert zum letzten Mal seine Zahlungen erhalten und unterschrieben hat. Dort fahren sie dann hin und holen ihn nach Luton zurück – zum Teil sogar gewaltsam. Allerdings kommt Gilbert teilweise auch freiwillig von selbst wieder zu ihnen.

Eine Tatsache, die schwer zu verstehen ist. Zumal Gilberts Schwester vor Oldfield eine Zeit lang Watts Freundin ist und mit diesem sogar zusammenlebt. Sie sieht sogar dabei zu, wie ihr Bruder attackiert und misshandelt wird. Des Weiteren ist auch der örtlichen Polizei bekannt, dass Gilbert in Schwierigkeiten stecken könnte. Sie verfolgen das Ganze jedoch nicht weiter, weil er, das Opfer, bei einer Gelegenheit sagt, dass dies „alles auf lange Sicht nur noch schlimmer machen würde“.

Als Gilbert im Januar 2002 eine Stichverletzung erleidet und mit einem Luftgewehr beschossen wird, meldet jemand aus seiner Familie dies der Polizei. Weil die Watts auf eine Anfrage hin nicht zurückrufen und Gilbert nicht zu einem Termin auf dem Revier erscheint, verläuft der Vorfall im Sande.

Später wird es daher in einem Gutachten des IPCC, der Independent Police Complaints Commission, heißen, dass die Ermittler vermuteten, Gilbert habe die Verletzungen nur vorgetäuscht.

Tatsächlich hat der junge Mann vermutlich auch die ganzen Jahre über kein Krankenhaus aufgesucht, obwohl die Verletzungen zum Teil gravierend und sehr schmerzhaft waren. Hierzu liegen keinerlei Unterlagen in den Kliniken vor.

Und auch als Gilbert im Juni 2007 vor den Augen eines Freundes in Cambridge von James Watt entführt wird, sowie im Januar 2008 im Beisein der Freundin seines Bruders, reagiert die alarmierte Polizei nicht konsequent und lässt die Angelegenheit schließlich auf sich beruhen.

Ende 2008 denken sich die Watts eine neue Folter für Gilbert aus. Sie machen nun Sit ups – aber da für sie ein wenig Nervenkitzel dabei sein muss, stützen sie sich dabei auf ein Stück Holz, das über Michaels Mund liegt, und springen auf seinem Bauch herum. Einer der „Teilnehmer“ ist Robert Watt, der zu diesem Zeitpunkt gute 133 Kilo auf die Waage bringt. Danach hat Gilbert extreme Schmerzen, verliert völlig die Kontrolle über seine Eingeweide und ist kaum dazu in der Lage zu gehen. Dennoch bringt ihn auch jetzt niemand ins Krankenhaus.

Ein trockener, knapper Eintrag in Oldfields Tagebuch mit den Game-Show-Ideen und -Regeln ist in der Nacht vom 21. auf den 22. Januar 2009 zu finden: „Gilbert endet tot."

Vielleicht dämmert der Watt-Familie jetzt, dass es unglücklich ausgehen wird, wenn man sie mit diesem Tod in Verbindung bringt. Deshalb beschließen sie vermutlich, ihn heimlich in der Blue Lagoon zu versenken. Damit niemand seine Identität ermitteln kann, wird die Leiche in Stücke zerhackt und die Teile in getrennten Beuteln entsorgt. Den Rumpf wickeln sie in mehrere Lagen aus Müllsäcken und Küchenfolie, um ihn dann in eine große Baumarkt-Tragetasche zu tun. Die Überreste von Michael Gilbert legen sie daraufhin in den Kofferraum von Robert Watts Auto, um sie an den See in Arlesey zu bringen. Für den rund 1,6 Kilometer langen Weg bis zum Wasser nutzen sie zunächst einen Angelwagen und schließlich eine Schubkarre. Mit einem großen Stein, aus dem Garten des Hauses der Watts, wird das Paket mit dem Torso beschwert und im Wasser versenkt, in der Hoffnung, dass die Leiche so verschwunden bleibt.

Als bekannt ist, dass es sich bei der im See aufgefundenen Leiche um Michael Gilbert handelt, kann die Polizei aufgrund der bei ihnen bereits vorliegenden Daten schnell die Verbindung zur Watt-Familie herstellen – und wird endlich aktiv. Kurzfristig werden insgesamt sieben Mitglieder des Clans verhaftet und befragt. Da sich Richard Watt bereit erklärt, die Polizei bei den Ermittlungen zu unterstützen, kann am 4.

Februar 2010 endlich auch der Kopf von Michael Gilbert aufgefunden werden. Vier Wochen später beginnt die Gerichtsverhandlung gegen die „Nachbarn aus der Hölle“ vor dem Luton Crown Court wegen Mordes an Gilbert.

Bei dem Prozess, der von Richter John Bevan geleitet wird, kommen noch weitere Details der Misshandlungen Gilberts zur Sprache. So berichtet u.a. der Zeuge Philipp Budd, der ein regelmäßiger Gast bei den Watts ist, dass der junge Mann eine Spannzange an seinen Genitalien tragen musste, damit er wie ein Hund an einer Leine herumgeführt werden konnte. Des Weiteren sei er seit 2008 nur noch mit Boxershorts bekleidet gewesen, um sicherzugehen, dass er nicht wieder davonläuft.

Die 23-jährige Zoe Smith, eine Freundin von Colin Watt, gibt an, dass sie gesehen hat, wie Gilbert mit Handschellen an den Füßen an ein Etagenbett angekettet wurde, in dem sie und Colin schliefen. Laut ihrer Aussage hat sie in den drei Jahren ihrer Beziehung mit Colin Watt etwa 150 Mal das Haus der Familie betreten und nahezu jedes Mal sei Gilbert auf irgendeine Weise misshandelt und gequält worden.

Colin Watt sagt aus, dass er einige Zeit vor der Tötung Gilberts aus der Wohnung der Eltern ausgezogen sei. Die zunehmende Gewalt gegenüber Gilbert sei der Grund gewesen: „Es hat mir Übelkeit verursacht. Ich dachte, ich kann das nicht mehr ertragen, ich muss gehen.“ Nach den verhängnisvollen Ereignissen in der Nacht vom 21. auf den 22. Januar erhielt Colin Watt einen Anruf von seinem Bruder Robert, der ihm sagt, er solle nach Hause kommen, man müsse ihm etwas erzählen. Die Nachricht sei schockierend gewesen: „Robert sagte: ‚Wir haben Michael umgebracht.' – Ich bin rausgegangen und konnte nur noch weinen."

Im April ergeht schließlich das Urteil: James Watt, seine Freundin Natasha Oldfield und Nichola Roberts, die Freundin seines Bruders Richard, werden schuldig des Mordes an Michael Gilbert gesprochen. Sie erhalten 36, 18 und 15 Jahre Haft. Richard Watt und Robert Watt sowie die Mutter Jennifer Smith-Dennis werden schuldig gesprochen des Mordes in der Familie und kommen für 6, 8 sowie 10 Jahre ins Gefängnis. Außerdem werden sie des Versuchs der Strafvereitelung für schuldig befunden. Lediglich der 70-jährige Vater, Antonio Watt, wird in allen Punkten freigesprochen.

Richter Bevan beschreibt das Ganze als eine „groteske Geschichte", Gilbert sei eines „grausamen, einsamen und brutalen Todes" gestorben und ihn als Sklaven zu bezeichnen sei eine „milde Untertreibung". James Watt, der Anführer bei den Taten, wird von ihm als „gefährlich, grausam, rachsüchtig, boshaft und herzlos" beschrieben – offenbar eine treffende Charakterisierung, denn als James Watts Urteil verkündet worden ist, hört man, wie er zum Richter „Prost!" sagt.

Den Mitgliedern der Jury teilt der Richter zudem noch mit, dass sie auf Lebenszeit von weiterem Jury-Dienst befreit sind, weil sie all diese grässlichen Sachen anhören und ertragen mussten.

Zunächst will Michael Gilberts Mutter Rosalie White (49) keinen Kommentar zu all dem abgeben, doch nach der Verhandlung macht sie ihrem Zorn und ihrer Verzweiflung Luft. Dabei richtet sich ihre Wut vor allem gegen die Mutter der Watt-Brüder: „Welche Sorte Frau lässt zu, dass solche Dinge in ihrem Haus passieren? Und über die ganze lange Zeit? Man erzieht seine Kinder doch, damit sie sich bestmöglich entfalten – aber nicht, damit sie zu kaltblütigen Mördern werden. Diese Mutter hätte Michael helfen können – aber sie hat nichts getan."

Im Nachgang kommt es, aufgrund der jahrelangen Untätigkeit der Behörden, im Fall Michael Gilbert zu Untersuchungen durch das Luton Safeguarding Of Vulnerable Adults Board sowie die Independent Police Complaints Commission (IPCC). Beide decken in ihren 2011 veröffentlichten Berichten diverse Fehler und dramatische Fehleinschätzungen auf, die von unterschiedlichen Stellen begangen worden sind. Michael Gilberts Leben hätte gerettet werden können.

Im Mai 2011 wird die Strafe von Richard Watt auf vier Jahre herabgesetzt, aufgrund seiner Hilfe bei den Ermittlungen der Polizei. Die Berufungen von Watt, Oldfield und Roberts werden abgelehnt.

Eine Aussage, die Richard Watt während des Prozesses gemacht hat, wirft ein tragisches Schlaglicht darauf, warum der psychisch instabile, naive junge Mann all die Jahre die Misshandlungen und Qualen ertragen hat. Auf Richards Frage:

„Warum erträgst du das alles?“ antwortete Gilbert schlicht: „Weil ich euch so sehr liebe, ihr seid meine Familie.“

Kapitel 13:

Brasilianische Vorzüge

Als die rassige Brasilianerin Roselane Nonato sich den Aushang in der Scheibe des Zeitungshändlers ansieht, ist sie sofort interessiert. Eine Dame aus Nord-London sucht eine Putzhilfe, weil sie selbst aus beruflichen Gründen zu wenig Zeit hat. Perfekt, denkt sich die schlanke, attraktive Frau mit den langen schwarzen Haaren und dem von südamerikanischer Sonne gebräunten Teint in diesem Moment vermutlich und sucht nach einem Stift. Sie notiert sich die Kontaktdaten und wird die Nummer kurz danach anrufen. Denn Roselane Nonato, die seit kurzem mit Nachnamen Driza heißt, ist dringend auf der Suche nach einem Job. Und für den würde sie alles tun. Wirklich alles.

Die damals 29 Jahre alte Brasilianerin, die in ihrer Heimat eine Zeit lang Philosophie studiert haben soll, reist 1998 mit einem

Besuchervisum in Großbritannien ein. Es ist jedoch lediglich sechs Monate lang gültig und Roselane Nonato plant möglicherweise schon damals, länger zu bleiben.

Schon wenige Wochen nach ihrer Einreise kommt die erste unerwartete Wende in ihrem neuen Leben: Sie trifft in einem Nachtclub Mane Driza, einen muskulösen, etwas grobschlächtigen Mann mit Glatze und Stiernacken, der von sich behauptet aus dem Kosovo geflohen zu sein; in England bittet er um Asyl. Die beiden verlieben sich ineinander und heiraten kurz darauf. Allerdings verschwindet der frischgebackene Ehemann von Roselane Driza völlig unerwartet kurz nach der Hochzeit. Es stellt sich heraus, dass Mane Driza ein Mitglied der albanischen Mafia ist und in England einen Landsmann getötet hat. Deshalb verschwindet der Mann, der von Bekannten aus der Szene gerne „Tony Montana“ (der Name von Al Pacino im Mafia-Film „Scarface“) genannt wird, kurzerhand von der Insel. Später stellt sich heraus, dass es sich bei ihm sogar um einen Serienmörder handelt.

Von all dem weiß die verlassene Ehefrau nichts. Als ihr Besuchervisum schließlich abläuft, schafft sie es eine Aufenthaltsgenehmigung als Studentin zu erhalten. Wobei sie sich an keiner Uni einschreibt. Auch eine Rückkehr nach Brasilien steht nicht zur Debatte. Um ihren Lebensunterhalt zu bestreiten, sucht Driza nach einem Job und stellt sich schließlich, auf den Aushang beim Zeitungshändler hin, bei Richterin J. vor. Die zweimal verheiratete Mutter von zwei

Kindern ist in ihren 50ern und stellt die Brasilianerin tatsächlich als Putzhilfe ein.

Richterin J. lebt zu diesem Zeitpunkt mit einem Kollegen zusammen, dem Richter Mohammed Ilyas Khan (52 Jahre). Der geschiedene Vater von zwei Kindern ist bereits seit 1968 im Amt und wie Richterin J., mit der er gerade eine Affäre hat, als Richter beim Tribunal für Asyl und Immigration tätig. Mit seinen vollen grauen Haaren und dem dichten, grauen Vollbart wirkt der Mann mit den dunklen, strengen Augen fast ein wenig wie ein alternder Löwe. Sowohl er als auch Richterin J. entscheiden tagtäglich über Fälle, in denen es um berechtigte oder unberechtigte Asylanträge, Bleiberecht, legale und illegale Immigration und auch Ausweisungen geht. Obwohl die beiden so intensiv mit dieser Materie befasst sind, fragt Richterin J. bei der Einstellung von Roselane weder, ob sie eine gültige Aufenthaltsgenehmigung besitzt, noch, ob sie bei den entsprechenden Behörden gemeldet ist und eine Nationalversicherungsnummer hat.

Kurze Zeit nachdem Driza ihre Tätigkeit aufgenommen hat, endet die Affäre der beiden Richter und sie trennen sich. Ilyas Khan sucht sich eine eigene Wohnung und Driza beginnt nun, zusätzlich, auch sein neues Domizil in Ordnung zu halten.

Erstaunlicherweise beschäftigen beide Immigrationsrichter eine illegale Immigrantin. Ein Vergehen, das mit bis zu 2 Jahren Gefängnis und einer Geldstrafe von 2.000 Pfund geahndet wird. Beide behaupten später, sie hätten keine

Ahnung gehabt, dass Driza sich illegal in England aufhält. Offensichtlich kamen sie erstaunlicherweise aber auch nicht auf die Idee, die Brasilianerin danach zu fragen.

Schließlich kündigt Richterin J. ihrer Putzfrau, doch die tröstet sich zunächst auf eine ganz besondere Art und Weise: zum einen schickt sie einen Brief an das Department for Constitutional Affairs, in dem sie angibt, dass Richterin J. sie ohne Arbeitserlaubnis beschäftigt habe. Des Weiteren beginnt die sexy Brasilianerin eine Affäre mit dem 52 Jahre alten Ilyas Khan. Der ältere Mann ist im siebten Himmel und völlig verliebt in seine neue Gefährtin, die 23 Jahre jünger als er ist. Vielleicht denkt er, dass er das große Los gezogen hat – eine glamouröse Brasilianerin, die ihm jeden Wunsch von den Augen abliest. Jeden. Denn in sexueller Hinsicht erlebt der Richter offenbar einen regelrechten Höhenflug, wie Nachrichten von ihm belegen. So beschreibt er Driza als „real Chilli-hot stuff“, ergeht sich in lobenden Worten über ihre außergewöhnlichen sexuellen Fähigkeiten in einer E-Mail. Tatsache ist: Der verliebte Richter stellt nicht nur eine illegale Immigrantin an, sondern beginnt auch noch eine Affäre mit ihr.

Im November 2000 endet Drizas Aufenthaltsgenehmigung als Studentin, für sie aber kein Grund, Großbritannien zu verlassen. Im Gegenzug wird auch von offizieller Seite aus kein Versuch unternommen, sie aufzuspüren oder zurück nach Brasilien zu schicken.

Roselane Driza hat sich inzwischen schon so gut akklimatisiert, dass sie anderen Illegalen gute Tipps gibt. Belegt ist unter anderem ihr Ratschlag: „Stellt euch als Opfer dar – übertreibt, gebt vor, depressiv zu sein und ihr könnt alles bekommen. Die Leute in diesem Land sind so leichtgläubig.“ Des Weiteren prahlt die attraktive Dunkelhaarige damit, dass sie es sogar geschafft hat, ihre Augen und Nase von einem plastischen Chirurgen machen zu lassen.

Der Brasilianerin geht es ausgesprochen gut in ihrem neuen Leben. Und das hätte noch ewig so weitergehen können, wenn ihr nicht die beiden Videos in die Hände gefallen wären. Sie ist in der Zwischenzeit bei Ilyas Khan eingezogen und lebt mit ihm zusammen. Irgendwann entdeckt sie einige Privatvideos, die ihre Aufmerksamkeit erregen. Von dem, was dort auf dem Band festgehalten wurde, ist Driza sofort elektrisiert und sie wittert eine Chance. Denn zu sehen sind Ilyas Khan und Richterin J. bei wilden Sex-Spielchen. Doch damit nicht genug: Richterin J. ist außerdem dabei zu sehen, wie sie gerade Kokain schnupft. Und Ilyas Khan tobt außer mit ihr auch noch mit einer anderen Frau herum – einer mysteriösen Blondine. Ein Willkommensgeschenk, deshalb nimmt Driza die Videos offenbar an sich, denn sie hat eine Idee.

Die Putzfrau versucht nämlich eine Erpressung: Sie fordert von den beiden Richtern 20.000 Pfund, wenn sie die beiden Videos wieder zurückhaben wollen. Andererseits will Driza den Lordkanzler, einen der höchsten und wichtigsten

Würdenträger in der Regierung, darüber informieren, dass sie bei den beiden Richtern arbeitet und beide sogar wissen, dass sie illegal hier ist. Dies würde ein totales berufliches Desaster bedeuten, da ist sich Driza sicher.

Doch Richterin J., die jetzt eine Affäre mit Richter N. hat und Driza als „fucking Brazilian bitch“ (verdammte brasilianische Schlampe) bezeichnet, lässt sich auf die Erpressung nicht ein. Ebenso Ilyas Khan. Beide zeigen ihre brasilianische Putzfrau stattdessen an.

Was nun jedoch folgt, ist mehr als erstaunlich. Denn trotz der Anzeige hat Ilyas Khan offenbar nicht vor, sich von seiner „sexy Perle“ zu trennen – als Driza verhaftet wird, lebt sie immer noch in seiner Wohnung. Jeder würde auch erwarten, dass nun auf die beiden Richter zahllose Anhörungen zukommen würden sowie Disziplinar-Strafen – doch weit gefehlt! Trotz des Fehlverhaltens wird keiner der beiden suspendiert. Richterin J. lässt sich vielmehr krankschreiben und erhält somit weiterhin ihr volles Jahresgehalt von 117.680 Pfund.

Das Gerichtsverfahren in Old Bailey in London sorgt ebenfalls für eine Überraschung. Nach gerade einmal 6 Prozesstagen wird das Urteil von Richter Beaumont gefällt: Es lautet 33 Monate Gefängnis für die nun 37-jährige Roselane Driza. 30 Monate werden ihr für die Erpressung von Richterin J. zugesprochen. In Bezug auf Ilyas Khan liege keine Erpressung vor, er habe die Frau immerhin auch weiter bei sich wohnen lassen. Allerdings wird Driza in Verbindung mit Ilyas Khan wegen des Diebstahls von zwei Videos verurteilt. Dies bringt ihr weitere drei Monate im Gefängnis ein. Zudem empfiehlt der Richter, die Frau zu deportieren. Weil Richterin J. Opfer einer Erpressung war, darf diese ihre Anonymität behalten. Bei Richter Mohammed Ilyas Khan heißt es dagegen lediglich, dass sein schlechtes Benehmen die Ursache seines Dilemmas sei. Anonymität wird ihm verwehrt. Allerdings kommen beide Richter ansonsten ohne Konsequenzen davon.

Richter Beaumont bezeichnet Driza in seiner Urteilsbegründung als „gierige und entschlossene Frau“. Wiewohl ihr Ärger über die Kündigung durch Richterin J. möglicherweise berechtigt ist, sei dies nicht der eigentliche Grund für ihr Handeln. Driza habe eine Gelegenheit gesehen, an eine Menge Geld zu kommen und habe diese ergriffen. Dass sie mit der Erpressung keinen Erfolg hatte, wird mildernd angerechnet. Allerdings sei der Diebstahl der Bänder als Versuch anzusehen, für den Fall der Fälle Macht über ihren Eigentümer, Ilyas Khan, zu haben.

Als Roselane Driza Old Baileys an diesem Tag verlässt und zu den Zellen gebracht wird, wirft sie den wartenden Journalisten einen Kuss zu und lächelt. Sie hat allen Grund dazu, wie das Berufungsverfahren im Jahr 2007 zeigen wird.

Was viele überrascht: Bei der Urteilsverkündung in Old Bailey ist Mohammed Ilyas Khan nicht einmal anwesend – er ist an diesem Tag im Tribunal von Feltham selbst als Richter tätig und muss über Fälle von Immigranten entscheiden.

Nach dem Prozess meldet sich erstmals die geschiedene Frau von Ilyas Khan, Amtul Khan, zu Wort. Sie betont, dass sie jeglichen Kontakt zu ihrem Ex-Mann abgebrochen hat und auch seine restliche Familie, zwei Geschwister, nichts mehr von ihm wissen will.

Richterin J. ist die kompletten 18 Monate der Ermittlungen gegen Driza sowie des anschließenden Gerichtsverfahrens über krankgeschrieben. Während dieser Zeit bezieht sie weiter ihre Bezüge von rund 142.300 Euro im Jahr, umgerechnet auf die 18 Monate also insgesamt 246.000 Euro. Am 31. Dezember 2006 geht J. aufgrund ihres Gesundheitszustands in den Vorruhestand und bezieht seither Frührente.

Im Juli 2007 kommt die verurteilte Brasilianerin aufgrund ihrer Berufung schließlich doch wieder auf freien Fuß, denn das Wiederaufnahmeverfahren wird durch den Strafverfolgungsdienst der Krone (Crown Prosecution Service) eingestellt. Beide beteiligten Richter sind zu krank, um aussagen zu können. Quasi also ein Freispruch mangels Beweisen.

Das Amt für gerichtliche Beschwerden (Office for Judicial Complaints) initiiert jedoch eine 19 Monate dauernde Untersuchung, bei der es um die Beschäftigung von Roselane Driza durch die beiden Richter geht. Der Fokus liegt hier vor allem auf Ilyas Khan. Im Mai 2008 wird das Ergebnis gegen den Richter offiziell verkündet: Ilyas Khan habe ein „schlechtes Urteilsvermögen bewiesen“, da er den Beschäftigungsstatus von

Roselane Driza nicht überprüft habe. Jedoch darf er seinen Job mit einem Jahresgehalt von gut 133.300 Euro behalten und auch die spätere jährliche Pension von 57.600 Euro zuzüglich eines Pauschalbetrags von mindestens 120.000 Euro wird ihm nicht aberkannt.

Seit dem Ende der Untersuchung ist auch Ilyas Khan dauerhaft krankgeschrieben. Üblicherweise bedeutet dies bei einem Beschäftigungsverhältnis ab einem gewissen Zeitpunkt (in Deutschland 6 Wochen), dass man nur noch das gesetzliche Krankengeld erhält und nicht mehr das volle Gehalt. Im fortgeschrittenen Alter steht dann vielfach zudem eine Frühverrentung zur Diskussion. Keines von beidem geschieht bei Ilyas Khan.

Im Jahr 2009 passiert etwas Unerwartetes: Einen Tag, nachdem Ilyas Khan mit 64 Jahren schließlich pensioniert wird, verstirbt er.

Wiederum zwei Jahre später gibt es Neuigkeiten von Roselane Driza; die Brasilianerin wird am 23. Februar 2011 schließlich deportiert und geht zurück in ihre Heimat.

Kapitel 14:

Gefährliche Liebschaft

Als der 32 Jahre alte Tony Charlton sich am 23. Mai 2001 auf den Weg von Huddersfield nach Midgley bei Wakefield macht, ist der Besitzer von zwei Druckereien bester Laune. Er nimmt die 80 Kilometer lange Strecke gerne auf sich, um seine vierjährige Tochter Amy abzuholen.

Er vermisst seine kleine Amy sehr und ist froh, als er endlich an dem Haus von Daniel O'Brien ankommt, ein ausgesprochen feudales Gebäude mit einem Wert von rund 300.000 Euro. Auf sein Klingeln öffnet Charltons Ex-Frau Janet die Tür. Sie ist eine attraktive, schlanke Blondine mit prallen Brüsten, die ihre langen Haare auffallend aschblond gefärbt trägt. Sie hat klare blaue Augen, mit denen sie einen immer ein wenig fordernd-aufreizend ansieht. Etwas, das die Männer um sie herum verrückt macht. Vor allem in Kombination mit dem feinen Lächeln, das so gerne um ihre Mundwinkel spielt.

Die 36-jährige Frau wirkt vollkommen ruhig und entspannt. Während sie die gemeinsame Tochter ruft, plaudert sie darüber, dass die beiden gerade noch gemeinsam im Park spazieren waren. Als Amy endlich da ist, ruft Janet in die obere Etage nach Daniel, damit der sich noch einmal von der Vierjährigen verabschiedet. Als keine Antwort kommt, fordert Janet ihre Tochter auf, nach oben zu gehen und sich von Daniel O'Brien zu verabschieden. Doch die weigert sich seltsamerweise. Daher nimmt ihre Mutter sie an die Hand und die beiden gehen gemeinsam nach oben ins Schlafzimmer.

Tony, der unten wartet, wird starr vor Schreck, als unvermittelt die entsetzlichen Schreie und das Schluchzen einsetzen. Er eilt die Treppe hinauf, dabei kommt ihm seine hysterisch schreiende und weinende Ex-Frau entgegen, die kopflos nach draußen vor die Tür rennt. Verwirrt betritt Tony Charlton den Raum und hält vor Entsetzen den Atem an. „Ein Massaker!", schießt es ihm durch den Kopf. „Das ist ein regelrechtes Massaker!"

Die zahlreichen Spiegel im Hauptschlafzimmer des Anwesens Woodside Hall, Old Wood Yard, werfen tausendfach ein und dasselbe schreckliche Bild zurück: den blutüberströmten Leichnam des Millionärs Daniel O'Brien, in dessen Schädel eine gut 60 cm große Feuerwehraxt steckt! Und wie eine Art perverser Schmuck hängen daran ein Strapsgürtel mit Leopardenmuster sowie eine weiße Netzstrumpfhose.

Doch damit nicht genug: Der grausame Tod ereilte den Yorkshire-Tycoon offenbar mitten in einem intimen Bondage-Spiel. Denn die Lage des zerhackten Körpers zeigt an, dass Daniel nackt, mit Handschellen gefesselt, gekniet haben muss – vor seiner „Herrin"? Denn seine Augen sind verbunden und in seinem Mund steckt ein Gummiball als Knebel, der mit einem Hundehalsband gesichert wurde. Eine gewaltige Bullenpeitsche liegt auf dem Bett.

Der Gerichtsmediziner entdeckt auch die Striemen auf dem Rücken des Toten. Durch die Fesselung war er völlig wehrlos, als die Axthiebe auf ihn niederfuhren. Insgesamt zwanzig Mal schlug der Mörder zu und traf am Kopf und in der Schulterpartie. Zuletzt blieb die Axt im Kopf des hilflosen Mannes stecken.

Trotz oder gerade wegen des extremen Entsetzens seiner Ex-Frau, als sie die Leiche ihres neuen Lebensgefährten entdeckt, ist Tony Charlton verwundert. Denn sie scheint im Nachhinein nicht um ihren Daniel zu trauern. Nach einer Woche ist er sich dann sicher: Nur seine Ex kann die Mörderin sein! Dabei gerät Charlton anfangs selbst unter Verdacht, denn er hätte als geschiedener Mann und Vater von Amy durchaus ein Motiv.

Währenddessen beteuert Janet den Ermittlern der Polizei gegenüber, dass sie mit dem Mord nichts zu tun hat. Sie besucht extra noch einmal das Leichenschauhaus, in dem Daniel O'Brien aufgebahrt wird, platziert Lilien auf seinem Körper und ein Familienfoto. Der Mutter von O'Brien, der 72 Jahre alten Rentnerin Elisabeth, erzählt sie danach, dass er besser ausgesehen habe als zu Lebzeiten. Für sie wäre es aber so gewesen, als hätte nicht Daniel, sondern ein anderer vor ihr gelegen. Außerdem vertraut sie der Rentnerin an, dass sie in großer Angst lebt. Sie fürchtet, dass sie und ihre Tochter die nächsten Opfer des Killers werden könnten.

Umso überraschter sind die Ermittler, als sechs Wochen nach dem Mord Janet Charlton im Revier auftaucht, in Begleitung eines Anwalts. Sie bekennt, dass sie es war, die den Millionär getötet hat. Aber es sei Selbstverteidigung gewesen, denn der Geschäftsmann habe sie bedroht und gesagt, er wolle sie und ihre Tochter töten.

Doch wie kam es zu alledem?

Die in Oldham geborene Frau zieht mit 18 Jahren nach Huddersfield, wo sie ihr Diplom im Fach Business Studies macht. Im Anschluss arbeitet sie als sogenannte Rekruterin in der Personalbeschaffung bei einer Zeitarbeitsfirma. Zu dieser Zeit lernt die 25-Jährige den damals vier Jahre jüngeren Tony Charlton kennen. Obwohl Janet in einer Beziehung ist, beginnt sie bereits in der ersten Nacht eine Affäre mit Tony. Er gesteht, dass er sie unglaublich sexy fand und ihn der Gedanke, mit einer älteren Frau Sex zu haben, erregte. Diese geheimen Treffen werden für eine ganze Weile fortgeführt, bis Tony bemerkt, dass er sich in die Blondine verliebt hat. Und ihre abenteuerliche

Vorgeschichte macht sie für den jungen, naiven Mann nur noch anziehender – denn laut einer Liste hatte sie bis zu ihrem Kennenlernen Sex mit rund 115 Männern!

Zweieinhalb Jahre später heiraten die beiden auf Mauritius. Alles scheint wunderbar, bis 1997 Tochter Amy geboren wird. Tony, dessen Druckereien florieren, ist im Himmel – aber für Janet ist es das Startsignal, wie entfesselt auf Partys zu gehen und Spaß zu haben. So als wollte sie demonstrativ beweisen, dass das kleine Kind ihr Leben nicht verändern wird. Als Amy neun Monate alt ist, ist die Ehe schließlich am Ende. Janet geht wieder auf die Jagd nach Männern – als sie mit dem verheirateten Nachbarn schläft, beantragt Tony schließlich die Scheidung. 1998 ist diese rechtskräftig und der Deal ist ausgesprochen vorteilhaft für Janet Charlton: Sie bekommt ein Haus, ein Auto, eine hohe monatliche Unterhaltszahlung für Amy und eine großzügige Abfindung, von der sie sich unter anderem neue Brüste machen lässt.

Jetzt ist die Blondine endlich wieder frei und schläft mit jedem, auf den sie Lust hat. Zudem entstehen in dieser Zeit auch anzügliche Fotos. Doch vermutlich, um ihr Einkommen aufzubessern, beschließt sie, ihr Hobby zum Beruf zu machen. Sie arbeitet für einen Escort-Service, wo man sie für rund 200 € die Stunde mieten kann. Über diesen Internet-Begleitservice lernt Charlton im Jahr 2000 den schwerreichen Geschäftsmann Daniel O'Brien kennen. Er ist ein Fan von Hardcore-Pornos, in denen es auch ruhig mal um Sex mit Tieren gehen darf.

Gerade vier Wochen nach ihrem Kennenlernen zieht Charlton mit ihrer Tochter Amy bei O'Brien ein. Und der Geschäftsmann wird ihr Sexleben auf eine ganz neue Stufe katapultieren: denn ab sofort gibt es Sex mit Fremden in der Öffentlichkeit, Orgien und Swinger Partys.

Gerade einmal acht Monate dauert es, dann scheint O'Brien der Blondine langsam überdrüssig zu werden. Am 22. Mai gibt er zu, dass er die Affäre mit einer von Janets Vorgängerinnen wieder hat aufleben lassen; er hatte Sex mit ihr im Park von Chatsworth House in Derbyshire. Möglicherweise plante er, sich von Charlton zu trennen. Sein Todesurteil? Gerade einmal 24 Stunden nach dieser Offenbarung ist O'Brien tot. Mit einem gespaltenen Schädel.

Die Geschichte ist für die britische Presse ein gefundenes Fressen. In den folgenden Monaten wird Janet Charlton in den Medien zu einem weiblichen Dämon hochstilisiert, denn sie erfüllt jedes Klischee: Sie ist eine Mörderin, sie ist blond und liebt anscheinend Sex.

Im Frühjahr 2002 beginnt der Prozess vor dem Leeds Crown Court unter Vorsitz des Richters Norman Jones. Im Rahmen der Gerichtsverhandlung gibt Charlton den Mord zu, doch sie betont, es habe sich um Selbstverteidigung gehandelt. Laut Charlton hat O'Brien sie mehrere Jahre lang sexuell benutzt und erniedrigt, er habe sie mehrfach vergewaltigt und geschlagen. Außerdem sei sie von ihm gezwungen worden, mit mehreren Männern auf einmal in einem Club Sex zu haben. Des

Weiteren musste sie auf öffentlichen Parkplätzen Sex mit ihm haben.

Im Rahmen dieser öffentlichen „Beichte“ tauchen die Anwesenden tief ein in abseitige sexuelle Vorlieben. So wird hierdurch beispielsweise die „Dogging“ und „Picking“ Szene der Öffentlichkeit bekannt. Denn anscheinend waren O’Brien und Charlton ein Teil hiervon. Beim Dogging geht es um Sex in der Öffentlichkeit, vor allem in Autos auf öffentlichen Parkplätzen oder auch in der freien Natur – und zwar, wenn nebenan Kinder mit ihren Müttern auf dem Spielplatz sind, Menschen picknicken oder ähnliches. Mit dem eigenen, aber auch mit fremden Partnern. Mit dabei sind häufig auch Freunde des „Pickings“ – sie beobachten den Geschlechtsverkehr in der Öffentlichkeit genussvoll.

Charlton bekennt, dass sie in dieser Zeit mindestens 60 Liebhaber hatte. Allein mit zehn Männern sei sie einmal in einer Sauna zusammen gewesen, während O’Brien dabei zusah. Ein Police-Officer ergänzt, dass die vierfache Anzahl eher der Wahrheit entspricht.

Die blonde Frau betont, dass sie zu diesen Handlungen gezwungen worden sein soll. Sie hätte sich erniedrigt und dumm gefühlt. Schließlich habe O’Brien ihr gedroht, dass er bereits mehrere Kinder umgebracht habe – was sie ihm sofort geglaubt habe. Als er schließlich ankündigte, ihre Amy zu vergewaltigen und ihr den Kopf abzuschneiden, hätte sie in ständiger Furcht um sich und ihre Tochter gelebt. Und sie erklärt mit Nachdruck:

„Er ist ein abgrundtief böser Mann und hat schon vorher Kinder umgebracht. Ich weiß zu hundert Prozent, dass er Amy ermordet hätte, wenn ich ihn nicht vorher getötet hätte."

In ihrer Not wollte sie den Geschäftsmann angeblich mit Sex beruhigen, aber dann sei ihr Blick auf die Axt gefallen, die im Schlafzimmer stand. Als er mit verbunden Augen, geknebelt und gefesselt vor ihr auf den Knien lag, hätte sie diese genommen und zugeschlagen. Daraufhin stand O'Brien auf und drehte sich zu Charlton und sie habe mehrfach zugeschlagen. Wie oft weiß sie nicht mehr. Sie erklärt: „Ich weiß nicht, was ich getan habe – ich kam erst wieder zu mir als ich Blut auf meinem Fuß sah und es abwischte."

Währenddessen spielte ihre Tochter unten im Garten.

Noch immer wie betäubt habe Charlton sich geduscht und saubere Sachen angezogen. Dann sei sie mit ihrer Tochter in den Park gegangen. Und in der Zeit sei jede Erinnerung an die Tötung aus ihrem Kopf verschwunden. Mehrfach beteuert sie, dass sie sich an absolut nichts habe erinnern können. Sie sei nur froh, dass Amy von all dem nichts gesehen hat.

Ein Neuropsychiater bestätigt, dass der Bericht von Janet Charlton über eine Amnesie hinsichtlich des Mordes durchaus plausibel sei. Andere Zeugen belegen, dass sie ein Opfer des „Battered Woman Syndrome" sei. Hierbei handelt es sich um ein seit den 90ern bekanntes Phänomen, dass von ihrem Partner stark unter Druck gesetzte und erniedrigte Frauen regelrecht „ausflippen“ können und diese dann gewaltsam töten, weil sie ansonsten keine Möglichkeit mehr sehen der Beziehung zu entkommen.

Allerdings beschleicht bei der extrem unemotionalen Mordschilderung durch die Täterin mehrere Beobachter des Prozesses ein ungutes Gefühl. Zumal Janet Charlton keinerlei Bedauern über die Tat äußert, sondern vielmehr erklärt: „Ich habe das Richtige getan – und das werde ich bis in alle Ewigkeit sagen. Dieser Mann war verrückt.“

Für die Anklage steht dagegen fest, dass es sich bei dem Mordmotiv schlicht um Rache und Eifersucht handelt, denn O'Brien habe offensichtlich die Beziehung beenden wollen, um mit einer früheren Partnerin noch einmal neu anzufangen. Hinsichtlich Janet Charlton lautet die Einschätzung des Staatsanwaltes Paul Worsley: „Sie ist eine gefühllose Mörderin und perfekte Schauspielerin.“

In einem sind sich jedoch alle einig: Daniel O'Brien war eine extrem problematische Persönlichkeit, der jegliche sexuelle Vorliebe ohne Rücksicht auf Verluste auslebte. Richter Norman Jones wird ihn in seiner Urteilsbegründung wie folgt beschreiben: Er sei „ein fehlerhafter Mann mit extrem verderbten sexuellen Neigungen.“ Und Janet Charlton mit ihrer äußerst entspannten Einstellung zur Sexualität – wenn nicht gar einem Hang zur Nymphomanie – sei mehr als nur bereit gewesen, sich diesen speziellen Praktiken hinzugeben. Des Weiteren bezeichnet der Richter O'Brien als Kontrollfreak, der alles getan habe, um Charlton von ihrem bisherigen Leben abzuschneiden und die Tochter von ihrem Vater zu trennen.

Dies ist sicherlich auch der Grund, warum das Urteil, das im Mai 2002 nach einer Beratung von 19 Stunden an vier Tagen, verhältnismäßig milde ausfällt. Während laut der Jury Selbstverteidigung aufgrund der Fesselung von O'Brien von vornherein ausscheidet, da er bei der Axtattacke wehrlos war, trifft aber auch der Tatbestand des Mordes die Sachlage nicht. Denn offensichtlich habe kein Vorsatz bei Charlton bestanden. Vielmehr habe die Frau komplett ihre Selbstbeherrschung verloren und in ihrer Wut mit der Axt auf den Mann losgehackt. Es sei davon auszugehen, dass sie O'Brien in diesem Moment im Affekt töten oder ihm zumindest schwere Verletzungen zufügen wollte. Daher lautet das Urteil auf Tötung im Affekt und es wird eine Haftstrafe von fünf Jahren verhängt.

Als Charlton aus dem Gerichtssaal geführt wird, weint sie und formt mit ihrem Mund das Wort „Sorry“ in Richtung ihrer Eltern, die unter den Zuschauern sitzen.

Für Daniels Mutter, Elisabeth O'Brien, ist das Urteil ein Schock. Sie kann nicht nachvollziehen, wie eine Mutter ihr Kind ins Schlafzimmer schickt, wenn dort oben eine blutüberströmte Leiche liegt. Für sie ist es des Weiteren „empörend“, dass die Axt im Schlafzimmer gestanden haben soll.

Tony Charlton wird, einen Monat nach dem Urteil, der Presse gegenüber erwähnen, dass seine Tochter Amy bei einer Befragung vor einigen Sozialarbeitern zugegeben hat, dass sie viel mehr als angenommen sah. Bei dem Gespräch sagt das kleine Mädchen, sie habe gesehen, wie ihre Mami Daniel mit einem großen Stock geschlagen habe.

Als die Axtklinge in den Schädel des Geschäftsmannes eindrang, hörte Amy laute Geräusche aus dem Schlafzimmer – sie waren so heftig, dass sogar die Decke wackelte. Das Mädchen rennt die Treppe hinauf und schreit laut „Mami“, als die Axt auf Daniel niederfährt. In diesem Moment lässt Janets Wut nach und sie beginnt zu weinen. Charlton weist das Kind aus dem Raum und sagt, sie würden zur Belohnung in den Park gehen. Dann nimmt sie dem Mädchen noch das Versprechen ab, dass sie nichts sagt und alles ein Geheimnis bleibt. Janet Charlton behauptet, Amy habe nichts gesehen – doch die Kleine erzählt ihrem Vater von roten Flecken auf dem Teppich und dass Daniel so anders ausgesehen habe. Und sie will ihre Mutter nicht mehr wiedersehen.
Alles nur die Phantasie eines kleinen Mädchens?

In einem Berufungsverfahren wird die Strafe für Janet Charlton von ursprünglich fünf Jahren auf dreieinhalb verkürzt. Insgesamt wird die blonde Frau schließlich weniger als zwei Jahre im Gefängnis verbringen. Nach 18 Monaten verlässt sie den offenen Strafvollzug in Askham Grange. Sie zieht zunächst zu ihren Eltern nach Middleton und will alles hinter sich lassen, wie sie den Medien gegenüber betont. Nach einem erbitterten

Rechtsstreit, um Tochter Amy, hat nun Vater Tony das alleinige Sorgerecht.

Für dessen Mutter ist Charlton einfach nur ein „selbstsüchtige und manipulative Frau“. Und sie weist mit Nachdruck darauf hin, dass niemand es verdiene, auf so eine Weise zu sterben wie Daniel O’Brien.

Kapitel 15:

Der barmherzige Samariter

Die gesamte Familie ist von den Ereignissen am 28. September 2008 auch Monate später noch wie betäubt. Vor allem nach dem Urteilsspruch, der sich für sie wie ein Schlag ins Gesicht angefühlt haben muss. Der jüngere Bruder, Kevin McGarahan, kann die Erinnerungen nicht ertragen, die an nahezu jedem Ort in der Stadt Norwich mit Frank verknüpft sind. Alles erinnert ihn an die furchtbare Nacht, welche die Familie wortwörtlich auseinander gerissen hat. Und sie überlegen daher bereits, woanders hinzuziehen, um endlich alles hinter sich zu lassen.

Frank McGarahan wird im Jahr 1963 geboren und wächst in bescheidenen Verhältnissen auf, sein Vater ist Schreiner. In der Oberschule, die er in Battersea, South London, besucht, gewinnt der freundliche Junge mit dem rundlichen Gesicht und den hellwachen Augen schnell den Ruf als Friedensstifter. Während andere, bei handfesten Streitigkeiten auf dem Pausenhof, johlend um die Kontrahenten herumstehen und sie womöglich noch durch Händeklatschen anfeuern, entschärft Frank solche Situationen stets. Dies fällt ihm auch leicht, denn seine Mitschüler bescheinigen ihm schon damals eine entwaffnende Art und eine natürliche Autorität.

Es verwundert nicht weiter, dass Frank McGarahan nach der Oberschule ein Jura-Studium an der Southampton University beginnt, das er 1985 erfolgreich beendet. Im Anschluss steigt er zunächst bei der Deutschen Bank ein, ehe er schließlich zu Barclays Capital wechselt, wo er die Karriereleiter emporklettert und Leiter der Sparte Barclays Wealth wird. Er verwaltet Vermögenswerte von knapp 1,6 Milliarden Euro, in insgesamt 21 Ländern; er ist verantwortlich für rund 7.700 Angestellte und hunderte Anleger.

Und auch im Privatleben läuft es gut bei Frank McGarahan: 1999 heiratet er die drei Jahre jüngere Stewardess Alison Ogden, mit der er in ein großzügiges Haus in Hertfordshire Village bei Much Hadham zieht. Abgerundet wird das Glück der beiden schließlich durch ihre zwei Töchter, die erstgeborene Nancy und die im Juni 2008 geborene Grace.

Es gibt nur eines im Leben des Mannes, der es inzwischen zum Millionär gebracht hat, was er bedauert: Er hat zu wenig Zeit für seine Familie. Als seine zweite Tochter Grace geboren wird, überlegt McGarahan daher ernsthaft, sein

Arbeitspensum zu reduzieren und seine Lebensweise deutlich zu ändern.

Weil Frank ein echter Familienmensch ist, ist es für ihn selbstverständlich, dass er am Samstag, den 27. September 2008, die rund 130 Kilometer nach Norwich in East Anglia fährt, um bei der Taufe seiner Nichte Thea am folgenden Sonntag dabei zu sein. Sie ist immerhin das allererste Kind seines jüngsten Bruders. Nach einem gemeinsamen Essen im Kreis der Familie beschließen Frank, sein Bruder Kevin und ihr Cousin Sean Ryan an diesem Abend noch ein wenig weiter zu feiern. Gutgelaunt genehmigen sich die drei Männer sowie zwei Frauen noch ein paar Drinks auf einer Tour durch die Bars der Innenstadt. Erst morgens, kurz vor 3 Uhr, beschließen sie dann den Abend zu beenden. Gemeinsam machen sie sich auf den Weg zum Taxi-Haltepunkt Guildhall Hill, wo sie sich in die Warteschlange stellen und geduldig ausharren. Doch bevor ihr Taxi ankommt, entdeckt Frank McGarahan etwas, das ihn alarmiert.

In knapp 200 Metern Entfernung geht eine Gruppe Jugendlicher, in manchen Aussagen ist später die Rede von bis zu 12 Personen, auf einen Mann los! Aus der Ferne wird dieser zunächst für einen Obdachlosen gehalten. Zwar sprechen einige Passanten die Gang an, doch ohne Erfolg. Die jungen Männer sind zu betrunken und offenbar sehr erregt. Auch Frank McGarahan registriert die Attacke auf den 35-jährigen Litauer Robertas Sinkevicius.

Als die Bemühungen der anderen Passanten nichts ausrichten, setzt sich Frank McGarahan in Bewegung und geht zu der hochaggressiven Gruppe junger Betrunkener hin, um die Streitigkeiten zu schlichten. Er kann unmöglich tatenlos dabei zusehen, wie ein Unschuldiger von einem Mob zusammengeschlagen wird. Der 46-Jährige denkt nicht weiter darüber nach. Es ist einfach seine Pflicht als Mensch, zu verhindern, dass jemand ernsthaft verletzt wird. Aber für seine Zivilcourage wird er einen furchtbaren Preis zahlen.

Sein Bruder Kevin und Cousin Sean teilen seine Einstellung und folgen Frank zu den jungen Männern. Da an dieser Stelle mehrere Überwachungskameras installiert sind, belegen deren Aufnahmen später, dass das Trio sich vorsichtig nähert und keinerlei aggressives Auftreten zeigt.

Laut Sean werden die drei von den Jugendlichen, darunter auch Ben und Tom Cowles (22 und 21) mit wüsten Beschimpfungen empfangen. Die aggressiven jungen Männer geben jedoch später zu Protokoll, sie hätten den Ankömmlingen lediglich gesagt: „Ihr wisst nicht, was er getan hat. Er hat bekommen, was er verdient hat." Kevins Erwiderung folgt auf dem Fuße: „Ihr seid Feiglinge. Ihr solltet euch schämen, euch mit jemandem anzulegen, der alleine unterwegs ist."

Sich als Feiglinge bezeichnen lassen zu müssen, passt den Jugendlichen offenbar ganz und gar nicht in den Kram. Rasend vor Zorn schreien sie zurück:

„Es hat verdammt nochmal alles nichts mit Dir zu tun! Verpiss dich, oder du kriegst auch welche ab!“

Dann gehen die jungen Männer unvermittelt auf das Trio los, das eigentlich nur den Streit schlichten, für Ruhe sorgen und Schlimmeres verhindern will. Die Überwachungsvideos belegen jedes nun folgende Detail. Zuerst führt Ben Cowles, ohne jegliche Vorwarnung, einen heftigen Boxhieb gegen den Kopf des Bankers McGarahan aus, der wie ein Baumstamm zu Boden geht. Dann nimmt er dessen Bruder Kevin in den Schwitzkasten und drischt mehrfach hart auf seinen Kopf ein. Nach einem heftigen Fausthieb geht dieser dann auch zu Boden. Tom Cowles steigt nur wenig nach ihm in den überraschenden Kampf ein und geht ebenfalls auf die Brüder McGarahan los. Er attackiert Frank, der gerade auf Händen und Knien versucht aufzustehen. Mit Füßen tritt er auf ihn ein und verpasst ihm zahlreiche brutale Boxhiebe. Ein weiterer junger Mann, Daniel Moy, steigt ebenfalls in den Kampf ein und schickt den überraschten Cousin Sean Ryan zu Boden.

Frank McGarahan schafft es noch einmal auf die Füße zu kommen. Schwankend steht er da – um plötzlich zusammenzubrechen. Dann liegt er regungslos auf dem Rücken.

Neben den Überwachungsvideos gibt es aber auch einen Augenzeugen, der die gewalttätige Auseinandersetzung mitverfolgt. Darryl Lawton, der Türsteher eines nahegelegen Strip-Clubs, hört den Kampflärm, als die Jugendlichen auf den obdachlosen Sinkevicius losgehen. Auch er läuft los, um zu helfen. Doch als er ankommt, ist der Angriff auf die McGarahan-Brüder und deren Cousin bereits in vollem Gange.

Er sieht, dass zwei Männer am Boden liegen und die Angreifer wie entfesselt auf sie eintreten und mit Fäusten auf sie losgehen. Für Lawton ist es ein Fall extremer Brutalität, so als wäre jegliche Hemmung bei den Angreifern gefallen, die ihre Opfer einfach nur noch vernichten wollen. Einen der jungen Männer kann der Türsteher in den Schwitzkasten nehmen, aber er muss ihn loslassen, weil der Unterstützung von einem Kameraden erhält. Dessen Fußtritte brechen Lawton den Kiefer. Dann rennen die Jugendlichen alle davon – und zwei Männer liegen bewusstlos auf der Straße: der obdachlose Sinkevicius und Frank McGarahan.

Lawton, der nicht nur Türsteher, sondern auch Ersthelfer ist, registriert trotz seiner eigenen Verletzung sofort, dass Frank völlig regungslos und unheimlich still daliegt. Er kann keine Atemzüge sehen! Sinkevicius dagegen hat zwar ein völlig blutbeschmiertes Gesicht, bewegt aber noch seine Hand. Deshalb kümmert sich der Türsteher um McGarahan und beginnt sofort mit Erste-Hilfe-Maßnahmen: er bringt ihn in die stabile Seitenlage und macht Mund-zu-Mund-Beatmung. Seine Hände zittern, als er die nötigen Pausen macht und abwartet, ob der Mann wieder selbstständig zu atmen beginnt. Doch der Brustkorb bleibt weiter still. Lawton weiß, das ist kein gutes Zeichen…

Tatsächlich ist der Banker so schwer verletzt, dass er ins Koma fällt – und nie wieder hieraus erwachen wird. Von Rettungskräften wird er in das Addenbrooke's Hospital in Cambridge gebracht. Doch die Kopfverletzungen sind zu schwer. Aufgrund von Hirnblutungen stirbt er am nächsten Tag – dem Tag, an dem er eigentlich bei der Taufe seiner Nichte dabei sein sollte. Er bezahlt für seine Zivilcourage mit dem Leben.

Am Sonntagmorgen erhält auch der Priester der römisch-katholischen Kirche in Norwich, der Theas Taufe abhalten sollte, einen Anruf. Die Familie informiert den überraschten Geistlichen, dass die für 11 Uhr geplante Taufe abgesagt und stattdessen eine Beerdigung zu planen ist.

Am 30. September, zwei Tage nach dem verhängnisvollen Kampf, tauchen die Cowles-Brüder in einem Polizeirevier auf, um sich zu stellen. Tom (22), ein Baumeister, und sein 21-jähriger Bruder Ben, der als Installateur arbeitet, geben zu, dass sie beide bei dem Angriff dabei waren. Sie geben jedoch an, dass sie erst reagiert hätten, als man sie als „Feiglinge" betitelt hätte. Die Männer hätten sie jedoch zuerst angegriffen und die Brüder aus Norwich hätten sich lediglich verteidigt.

Auch ohne die Kamerabilder und die Zeugenaussage zu den Vorfällen, wäre die Vorgeschichte der beiden jungen Männer, die zu dem Zeitpunkt noch bei ihrem Vater lebten, bereits Grund für Zweifel gewesen. Wie ihr Opfer Frank

McGarahan stammen die beiden auch aus einfachen Verhältnissen. Doch während Frank stets zielorientiert war und das Beste aus seinen Möglichkeiten machte, können die Cowles-Brüder auf eine Vergangenheit zurückblicken, bei der Gewalt ein wiederkehrendes Thema ist.

Besonders fatal für Frank McGarahan: Beide sind erfahrene Boxer. Als Jugendliche haben sie zwei Jahre lang im Norwich Lads' Club Boxen gelernt und niemals auch nur eine einzige Trainingseinheit versäumt. Und sie hatten durchaus großes Talent, wie ihr damaliger Coach bestätigt. So wurde Tom in den Jahren 2000 und 2001 zum jungen Club-Boxtalent des Jahres ernannt. Ben dagegen konnte 2000 sogar den Titel als Eastern Counties Champion gewinnen. Unglücklicherweise erleidet Ben in einem Kampf eine Kopfverletzung, durch die er an wiederkehrenden starken Kopfschmerzen leidet. Als er deswegen mit dem Boxen Schluss macht, hört auch sein Bruder aus Loyalität auf. Die beiden verbindet ein sehr enges Band.

Doch während im Box-Club stets strenge Disziplin herrschte und klar war, dass man von unterlegenen Personen ablässt oder sie gar nicht erst angreift, beginnen die Brüder ihre Fähigkeiten auch auf den Straßen einzusetzen. 2001 erhält Tom eine Verwarnung wegen eines Angriffs, drei Jahre später wird Ben wegen eines ähnlichen Vergehens ebenfalls gerügt.

Ihre akademische Karriere an der Norwich's Costessey High School ist wenig spektakulär und die beiden wählen schließlich handwerkliche Berufe. Doch die Gewaltbereitschaft und auch ein starker Alkoholkonsum werden weiter ihr Leben bestimmen, wie ein Facebook-Post von Tom kurz vor dem Angriff, am 28. September 2008, belegt. Er postet seinen Lieblings-Spruch: „One went bang, two fell over.“ (Einer schlug zu, zwei fielen zu Boden.)

Die Gerichtsverhandlung startet im Frühsommer 2009, im Juni wird schließlich das Urteil gesprochen, das für Aufregung sorgen wird.

Aufgrund der Überwachungsvideos, die die Vorfälle am frühen Morgen des 28. September 2008 dokumentieren, lässt sich der Tathergang problemlos rekonstruieren. Der Staatsanwalt weist hierbei darauf hin, dass eindeutig die „neutrale“ Körperhaltung der beiden McGarahans sowie von Sean Ryan zu erkennen ist, als sie zur Gruppe der Jugendlichen hinübergehen. Sie zeigen keinerlei Aggressivität – der Angriff ihnen gegenüber erfolgt insofern ohne jegliche Form von Provokation. Eben das hatten die Cowles-Brüder jedoch bei der Polizeivernehmung angegeben. Die Aufnahmen belegen, dass hier lediglich eine Handlung motiviert durch Zivilcourage vorliege.

Im Rahmen des Prozesses kommen auch mehrere Mitglieder der McGarahan-Familie zu Wort. Bei ihren Aussagen wird deutlich, wie tragisch der Verlust des 45-jährigen Frank für sie alle ist. Zumal er seine geliebte Frau Alison mit der gerade mal drei Monate alten Tochter vaterlos zurücklässt. Beide Kinder werden ohne die Zuwendung und Fürsorge ihres Vaters aufwachsen müssen.

Die Anwälte von Ben und Tom Cowles wiederum bemühen sich, für ihre Mandanten einen fairen Prozess zu erhalten, denn ihrer Meinung nach ist durch das große Medieninteresse die Fairness gegenüber den Brüdern stark gefährdet worden. Laut Bens Anwalt hätten die Medien Frank McGarahan zu einer Art Held hochstilisiert, der zur Rettung geeilt sei. Tatsächlich aber sei zu dem Zeitpunkt, als er mit seinen Begleitern erschien, der Kampf zwischen den Jugendlichen und Sinkevicius bereits beendet gewesen. Das Trio habe die jungen Männer provoziert und dabei Kraftausdrücke verwendet. Insofern sei es sehr fraglich, ob McGarahan tatsächlich als Retter in der Not gekommen sei. Zudem weist der Anwalt auf den guten Charakter seines Mandanten hin.

Toms Strafverteidiger betont darüber hinaus, dass keinerlei Waffen Verwendung gefunden hätten. Der Angriff sei weder ein Racheakt gewesen noch sei Vorsatz anzunehmen. Und er betitelt seinen Mandanten als einen „großartigen jungen Mann“.

Ihre Strategie ist klar: Sie müssen alles tun, um die Jury davon zu überzeugen, dass ihre Mandanten keinerlei Tötungsabsicht bei dem Angriff hatten oder eine schwere Körperverletzung beabsichtigten.

Die Brüder bekennen sich schließlich in Bezug auf beide Taten – den Angriff auf Sinkevicius sowie auf Frank McGarahan schuldig. In Bezug auf den Mordvorwurf jedoch plädieren sie auf unschuldig.

Als Richter Saunders das Urteil schließlich verkündet, sind viele Beobachter und auch die McGarahan-Familie geschockt. Die ursprüngliche Anklage wegen Mordes wird fallengelassen. Gegenüber dem 21 Jahre alten Ben Cowles wird wegen Totschlags eine siebeneinhalb Jahre dauernde Haftstrafe verhängt, der 22-jährige Tom erhält sogar ein halbes Jahr weniger.

Der 22-jährige Schreiner Daniel Moy, der Sean Ryan attackiert hat, muss eine knapp 60 Euro hohe Entschädigungszahlung sowie 100 Stunden Sozialdienst leisten.

Bei der Urteilsbegründung weist der Richter darauf hin, dass ihm bewusst ist, wie schwierig der Entscheid auf Totschlag, besonders für die Familie des Opfers, zu verstehen sein muss. Insofern wird das Urteil unweigerlich als zu milde empfunden und kritisiert werden. Das Urteil sei jedoch vernünftig und die Strafe in dieser Höhe von den gesetzlichen Regelungen vorgegeben. Die maximale Höhe sei mit gutem Grund ausgereizt worden. Die Urteilsbegründung wirkt am Ende auf die Prozessbeobachter beinahe wie eine Art Entschuldigung.

Saunders ist offenbar bewusst, wie schwer feine juristische Begriffsdefinitionen für die Angehörigen eines getöteten Opfers zu verstehen sind. Denn für sie ist es egal, welche Intention der Mörder bei seiner Handlung hatte. Während die Täter nach einigen Jahren wieder auf freien Fuß sein werden, hat die Familie von Frank McGarahan lebenslang erhalten.

Tatsächlich wird Tony McGarahan, der ältere Bruder des Opfers, das Urteil im Anschluss als geradezu „schändlich niedrig“ bezeichnen und eine dringende allgemeine Überprüfung der Gesetzgebung bei Tötungsdelikten aller Art fordern. Für ihn ist das Urteil eine Tragödie, denn zurück bleiben zwei kleine Kinder, die ihren wunderbaren, mutigen Vater niemals richtig kennenlernen dürfen.

Kapitel 16:

Eine schlichte, weiße Taschenuhr

(von Amrei Baumgartl / „Darf's ein bisserl Mord sein?“)

Charles Walton ist ein Einzelgänger, dennoch wird er in Lower Quinton, im Distrikt Stratford-on-Avon respektiert und geschätzt. Sein gesamtes Leben verbringt er in dem kleinen Ort, wo er am 12. Mai 1870 als Sohn von Charles und Emma Walton geboren wird. Er arbeitet als Landarbeiter und lässt sich auf den umliegenden Höfen für Gelegenheitsarbeiten anheuern. Allerdings macht ihm sein Rheuma zunehmend zu schaffen, weshalb er sich schließlich beim Gehen stets auf einen Stock stützt. In seiner Jugend gilt Walton als außergewöhnlich guter Pferdetrainer, dem die Tiere auf den kleinsten Wink folgen. Überhaupt hat er ein besseres Verhältnis zu Tieren als zu Menschen, lediglich mit einem

Freund, George Higgins, pflegt er über die Jahre hinweg engeren Kontakt.

Dabei ist Charles Walton kein Unmensch, denn als seine Schwester, die in Stratford lebt, stirbt, nimmt er ohne großes Aufhebens die dreijährige Nichte Edith Isabel in seinem Haus auf – obwohl deren Vater zu diesem Zeitpunkt noch lebt. Als sie alt genug ist, übernimmt sie für den älteren, gehbehinderten Mann die Hausarbeiten. Im Gegenzug erhält Edith von ihm einen kleinen Lohn sowie freie Kost und Logis. Auch als sie während des Zweiten Weltkriegs eine Stelle als Druckereigehilfin bei der Royal Society of Arts bekommt, die während des Krieges ihren Sitz nach Quinton verlegt hat, bleibt sie weiter bei ihrem Onkel wohnen.

Die mysteriösen Ereignisse, deren Zentrum der 75-jährige Charles Walton sein wird, tragen sich in den letzten Monaten des Zweiten Weltkriegs 1945 zu. Genauer, am Valentinstag. Am 14. Februar verlässt der ältere Mann sein Haus mit einer Heugabel und einer Hippe, einem sichelförmigen Werkzeug, das bei Holz- und Hofarbeiten vielseitig einsetzbar ist. Da er nicht vorhat etwas zu kaufen, lässt er seine Brieftasche zu Hause liegen. Er macht sich auf den Weg nach Hillground, wo er an diesem Tag für seinen derzeitigen Arbeitgeber Alfred Potter, den Pächter des Gutes „The Firs“, Hecken schneiden soll. Zwischen 9 Uhr und 9:30 Uhr sehen ihn einige Zeugen, wie er den Friedhof überquert.

Gegen 18:00 Uhr abends kommt Edith von der Arbeit wieder nach Hause. Sie findet das Haus leer vor, was höchst ungewöhnlich ist, denn in der Regel kehrt ihr Onkel gegen 16 Uhr spätestens von der Arbeit zurück. Dass er sich mit Freunden trifft oder in den Pub geht, scheidet bei Walton von vornherein aus. Daher macht sich Edith sofort auf die Suche nach ihrem Onkel Charles; die junge Frau bittet den Nachbarn Harry Beasley um Hilfe.

Gemeinsam suchen sie zuerst den Hof von Alfred Potter, Waltons derzeitigen Arbeitgeber, auf, um ihn zu fragen, ob er weiß, wo der ältere Mann ist. Potter behauptet, er habe den Arbeiter früher am Tag beim Hecke schneiden in Hillground gesehen, aber nicht mit ihm gesprochen. Potter schließt sich spontan Edith und Beasley an und zusammen gehen die drei zu dem betreffenden Grundstück nach Hillground. Doch mit dem, was sie dort erwartet, haben sie nicht gerechnet!

Tatsächlich ist Walton noch immer bei den Hecken. Aber der alte Mann ist – tot. Auf eine unglaublich brutale Art und Weise ums Leben gebracht.

Es ist fast so, als hätte der Täter mit diesem Mord eine Art Zeichen setzen wollen. Denn Walton wurde von seinem Angreifer zunächst auf den Kopf geschlagen, dann wurde ihm mit der eigenen Hippe der Hals aufgeschlitzt. Doch damit nicht genug: Mit einem wuchtigen Hieb mit der Heugabel wurde sein Körper auf dem Boden regelrecht festgenagelt, die Zinken durch seinen Hals hindurch in die Erde getrieben!

Durch Ediths schockierte Schreie wird ein Nachbar aus dem Ort, Harry Peachey, der gerade auf der anderen Seite der Hecke entlang spaziert, auf das Trio aufmerksam. Beasley bittet den Spaziergänger, sofort die Polizei zu alarmieren. Dann bringt er Edith nach Hause und Alfred Potter soll am Tatort auf die Polizei warten.

Der erste Beamte trifft gegen sieben Uhr abends am Schauplatz des Verbrechens ein, wenig später erscheinen weitere Kollegen. Der forensische Experte James M. ist erst um halb zwölf Uhr nachts endlich in Hillground, gegen halb zwei Uhr nachts wird Waltons Leichnam schließlich weggebracht.

Noch am selben Abend sucht der Detective Inspector der Region, Tombs, Alfred Potter auf, den Pächter des Guts „The Firs", zu dem auch das Grundstück in Hillground gehört. Der gibt an, dass er Walton in den vergangenen neun Monaten immer wieder bei Bedarf beschäftigt habe, insgesamt kannten sich die beiden bereits fünf Jahre, seit Potter den Hof übernahm. Die Hecken in Hillground wären die vorerst letzten abgemachten Arbeiten gewesen. Potter gab bei der Befragung weiter zu Protokoll, dass er an diesem Vormittag mit einem anderen Bauern unterwegs gewesen sei und auf dem Heimweg Walton noch bei seiner Arbeit gesehen habe.

Die Polizisten vor Ort tappen im Dunkeln. Sie vermuten, wie in einem Statement des leitenden Ermittlers von Warwickshire vom 15. Februar zu lesen ist, dass entweder ein Verrückter die Tat begangen hat, oder aber ein italienischer

Kriegsgefangener aus einem nahen Internierungslager. Lediglich den Todeszeitpunkt kann der Forensiker relativ klar eingrenzen. Der Mord muss zwischen ein und zwei Uhr am Mittag stattgefunden haben, außerdem wurde dem Toten eine Taschenuhr entwendet. Diese schlichte, weiße Taschenuhr aus Metall mit Schnappverschluss auf der Rückseite, einem Zifferblatt aus weißer Emaille und dem Text „Edgar Jones, Stratford-on-Avon“ ist der einzige Wertgegenstand, den Charles Walton stets bei sich getragen hat. Nach ihr wird intensiv gefahndet, in der Hoffnung so den Täter dingfest machen zu können. Denn wer diese Uhr bei sich führt, ist dringend tatverdächtig. Auch wenn man die Uhr ohne den Täter auffindet, so besteht die Möglichkeit, dass sich auf ihr Fingerabdrücke des Mörders befinden.

Bereits am 16. Februar treffen Chief Inspector Robert Honey Fabian, der nach seiner Pensionierung einer der ersten und bekanntesten Kriminalschriftsteller wurde, und sein Kollege Detective Albert Webb als unterstützende Ermittler aus London ein. Wenig später folgt der fließend Italienisch sprechende Sergeant Saunders, der die Verhöre der italienischen Kriegsgefangenen übernehmen soll.

Hauptverdächtiger ist aber Alfred Potter, daher wird ein Polizist abgestellt, um ihn und seine Frau zu beschatten. Saunders beginnt im Internierungslager Long Marston zu ermitteln. Die Gefangenen dort genießen relativ große Freizügigkeit, daher waren einige am Nachmittag des Mordtages in Stratford, um sich ein Theaterstück anzusehen, andere besuchten eine Filmvorführung. Einen Verdächtigen kann Saunders hier jedoch nicht ausmachen.

Die Autopsie des Mordopfers durch den Forensiker Professor Webster ergibt, dass Waltons Luftröhre durchschnitten wurde. Des Weiteren findet er Verletzungen am Kopf und am Brustkorb einige gebrochene Rippen. Walton trägt zudem deutliche sichtbare Abwehrverletzungen, wie zum Beispiel Blutergüsse am Rücken, an seinem rechten Unterarm und an der rechten Hand. Nach Webster deutet alles auf die Heugabel und die Hippe als Tatwerkzeuge hin. Die Kopfverletzungen fügte der Täter Walton zu, indem er diesem mit seinem eigenen Gehstock auf den Kopf schlug. Dieser wurde ungefähr drei Meter von der Leiche entfernt aufgefunden, an ihm klebten noch Blut und Haare. Der Forensiker notiert noch etwas Ungewöhnliches: Das Hemd des Toten ist aufgerissen, sein Hosenbund geöffnet und der Hosenschlitz aufgeknöpft. Allerdings erwähnt Websters Bericht mit keiner Silbe ein eingeritztes Kreuz auf Waltons Brust, das in anderen Aufzeichnungen jedoch immer wieder auftaucht.

Am 17. Februar wird Alfred Potter erneut von der Polizei vernommen, dieses Mal geht es um das Arbeitsverhältnis von Charles Walton. Dabei äußert Potter unter anderem den Verdacht, dass Walton ihn in Bezug auf die tatsächlich gearbeitete Stundenzahl mehrfach betrogen habe, also mehr

Stunden angab, als er in Wahrheit gearbeitet hat. Das letzte Mal habe Potter den 75-Jährigen am 10. Februar, also vier Tage vor dem Mord, bezahlt. Als er ihn am Tattag in der Entfernung auf dem Feld arbeiten sah, wollte er eigentlich zu Charles hingehen, doch ein Kalb sei unglücklich in einem Graben gefangen gewesen und habe Hilfe gebraucht. Aus diesem Grund sei Potter direkt wieder nach Hause gegangen. Anhand der Uhrzeit, zu der Potter Walton gesehen haben will, und dem zu der Zeit noch verbleibenden Stück Hecke lässt sich ein Todeszeitraum vermuten – dieser wiederum deckt sich mit dem Ergebnis der Autopsie.

Als die Polizei am 20. Februar erneut auf den Hof von Alfred Potter kommt, um potenziell verwertbare Spuren sicherstellen zu können, wartet Potter mit einer überraschenden Erklärung auf. Plötzlich heißt es, dass er beim Auffinden der Leiche die Hippe und ziemlich sicher auch die Heugabel berührt habe. Deshalb könne es sein, dass seine Fingerabdrücke darauf zu finden sind. Potter behauptet, der Nachbar Harry Beasley habe ihn angewiesen zu kontrollieren, ob Charles Walton denn wirklich tot sei. Daraufhin werden die Ermittler hellhörig. Für sie stellt sich nun die Frage, ob Potter womöglich im Vorfeld Verdachtsmomente entkräften will? Bislang hatte er so etwas mit keiner Silbe erwähnt.

Der Verdächtigte wiederum beharrt darauf, dass der Mord „die Arbeit eines der Faschisten aus dem (Gefangenen-)Lager“ gewesen sei. Die Situation spitzt sich zunehmend zu, doch dann taucht ein weiterer Polizist auf dem Hof auf und berichtet Überraschendes: Das Militär habe soeben einen der italienischen Gefangenen inhaftiert, der verdächtig viel Blut auf seiner Kleidung hatte. Schlagartig wirkt das Ehepaar Potter regelrecht wie erlöst, befreit. Die Frau bricht sogar in hysterisches Gelächter aus.

War diese Information nur ein Test der Polizei, die wissen wollten, wie die Potters reagieren? Die Ermittlungen gegen den Italiener verlaufen jedenfalls schnell im Sande.

Alfred Potter wird lange verdächtigt, zahlreiche Punkte sprechen gegen ihn: So war Potter es gewöhnt Tiere zu schlachten und Nachforschungen ergaben, dass das Kalb, das angeblich Potters Hilfe brauchte, bereits am Vortag ertrunken war. Hinsichtlich der vermeintlichen Alibis tauchen ebenfalls Ungereimtheiten auf, sie widersprechen sich teilweise im Handlungsverlauf und in der Zeitangabe. Auch revidierte Potter nach mehrmaligen Nachfragen seine zunächst konkrete Aussage, er habe Charles Walton mittags auf den Feldern bei der Hecke gesehen. Schließlich heißt es zuletzt nur noch, er habe einen Menschen dort stehen sehen. Weiterhin erklärt Potter seine Fingerabdrücke auf den Tatwaffen damit, dass Beasley ihn gebeten habe zu prüfen, ob Walton noch lebt. Der jedoch beteuert, er habe nichts dergleichen verlangt. Und schließlich tauchen hinsichtlich der Lohnzahlungen generell Informationen auf, die Auswirkungen auf den Leumund von Potter haben. Tatsächlich veruntreut er offensichtlich Gelder; als

Verwalter fordert er vom Eigentümer höhere Summen für Gehälter als diejenigen, die er tatsächlich auszahlt.

Trotz all dieser Widersprüche kann die Polizei jedoch keine zwingenden Indizien finden, die belegen, dass Potter der Mörder ist. Außerdem fehlt ein Motiv für die Tat. Es kann kein „glaubhafter Grund" gefunden werden, dass Potter der Mörder sei. Da er für den Tatzeitraum Alibis von einigen Mitarbeitern und Nachbarn vorweisen kann, die ihn gesehen haben, oder denen er angeblich geholfen hat, lässt die Polizei schließlich die Ermittlungen gegen ihn fallen.

Im Gegenzug stellen die Ordnungshüter auch Merkwürdigkeiten im vermeintlich so unauffälligen Leben von Charles Walton fest – genauer in seinen Finanzen. Laut Edith hat ihr Onkel sich niemals Geld geliehen oder es verliehen. Im Jahr 1930 hatte er über 227 Pfund bei der Midland Bank eingezahlt (heutzutage über 17 000 Euro), aber diese Summe ist im Jahr 1939 auf etwas über 11 Pfund geschrumpft (ca. 800 Euro). Bemerkenswert ist allerdings, dass Walton über die Jahre immer nur kleinere Beträge abgehoben hatte, höchstens 10 Pfund. Wie lässt sich das erklären? Wohin ging all das Geld?

Dies ist der Grund für aufkommende Spekulationen, dass Walton Potter möglicherweise Geld geliehen hat. Als der 75-Jährige die Rückzahlung schließlich forderte, habe Potter nicht zahlen können und sich daher des lästigen Gläubigers entledigt. Aber hierfür gibt es keinerlei Indizien.

Auch Charles Waltons bester Freund, George Higgins, 72 Jahre alt, gerät in Verdacht. Higgins, der genau wie Charles von Feld- und Hofarbeit lebt, soll am Tag des Mordes in einer Scheune unweit des Tatorts gearbeitet haben. Zeitlich wäre es für ihn also leicht gewesen, seinen besten Freund brutal zu ermorden und dann wieder zu seiner Arbeit zurückzukehren. Doch es gibt keinerlei Tatmotiv, zudem wird dem älteren Feldarbeiter die erforderliche Kraft für die Attacke abgesprochen.

Insgesamt werden im Laufe der Ermittlungen zum Mord an Charles Walton über 500 Menschen befragt, Kinder genauso wie ältere Personen. Es werden sogar Reisende ausfindig gemacht und befragt, die zum Tatzeitpunkt auf der Durchreise durch den kleinen Ort waren. Doch alles ohne Erfolg. Auch eine große Suchaktion nach Waltons Taschenuhr, bei der Metalldetektoren sowie eine Suchstaffel zum Einsatz kommen, bringt kein Ergebnis.

Je auswegloser sich die Polizeiermittlungen gestalten, desto verzweifelter wird schließlich nach Erklärungen gesucht. So wird immer mehr Augenmerk auf die Geschichte des Dorfes gelegt. Hierdurch tauchen erste Vermutungen auf, dass vielleicht übernatürliche Mächte bei diesem Mord im Spiel waren. Einer der Ermittler lässt sich bei seinen Nachforschungen von dem Buch *Old Customs and Superstitions in Shakespeare Land* (dt. „Alte Bräuche und Aberglauben im Shakespeare-Land“) inspirieren, das der örtliche Geistliche James Harvey Bloom im

Jahr 1929 über die Gegend rund um Stratford-on-Avon verfasst hatte. Darin wird unter anderem der Mord an einer 79 Jahre alten Frau namens Ann Tennant erwähnt, die im Jahre 1875 von einem Freund der Familie ermordet wurde, weil der sie der Hexerei bezichtigte. Relevant für die Ermittlungen in Waltons Mord ist vor allem der Tod der angeblichen Hexe Ann Tennant, die auf ähnliche Art und Weise hingerichtet wurde wie Charles Walton. Auch sie spießte ihr Mörder mit einer Heugabel am Boden fest.

Noch eine Geschichte in diesem Buch lässt die Ermittler aufmerken: Der Verfasser notiert, dass 1885 ein kleiner Junge auf seinem Heimweg von der Feldarbeit acht Tage hintereinander einen schwarzen Hund gesehen haben soll, am neunten Tag wurde der Hund sogar von einer kopflosen Dame begleitet. An genau diesem Abend erfährt der Junge, dass seine Schwester gestorben ist. Der Name des Kindes: Charles Walton!

Unklar ist jedoch, ob es sich bei dem Jungen tatsächlich um den später ermordeten Mann handelt. Das Alter könnte allerdings durchaus passen.

Schwarze Hunde gelten in der Region als Vorboten des Todes und auch im Jahr 1945 soll unweit des Leichenfundortes angeblich ein toter schwarzer Hund von einem Baum gehangen haben.

Aufgrund seiner zurückgezogenen Lebensweise wurde Charles Walton auch immer wieder Hexerei nachgesagt. Dies habe er sich beim Pferdetraining zunutze gemacht. Ein Zeuge erzählt zudem, dass Charles Walton die Sprache der Vögel gesprochen habe und die Vögel so auch gebeten habe, die Samen, die auf seinen Feldern gestreut lagen, nicht zu fressen – und zwar mit Erfolg.

Tatsächlich ist die Region rund um Lower Quinton Schauplatz für viele Sagen und Geschichten rund um höhere Mächte, Magie und Zauberei. Angeblich ist unweit des Fundortes der Leiche ein alter Steinkreis in einem Druidenfriedhof zu finden. Stand der brutale Mord an Charles Walton vielleicht mit den Ritualen der Druiden oder Anhängern alter Kulte im Zusammenhang? War der alte Mann womöglich ein Blutopfer?

Als 1960 das Nebengebäude von Charles Waltons Haus abgerissen wird, macht ein Arbeiter eine Entdeckung. Er findet ein schimmerndes Objekt zwischen dem Schutt und ist mehr als überrascht: Es ist die 1945 verschwundene Taschenuhr Waltons. Die Taschenuhr, die Charles Walton eigentlich nie aus der Hand gab. Als sie geöffnet wird, befindet sich in ihrem Inneren ein Stück „Hexenglas". Hexenglas, so glaubte man, reflektiert und/oder absorbiert alle negativen Schwingungen, die dem Träger eines Gegenstandes gesendet werden.

Doch das ist noch nicht einmal das Erstaunlichste an dem Fund. Viel eigenartiger ist es, dass die Polizei direkt nach der Tat das gesamte Grundstück gründlich durchsucht hatte und die Uhr wie vom Erdboden verschluckt war. Hatte sie womöglich der Mörder im Laufe der Zeit zurückgelegt? Oder war damals doch nicht so akribisch gesucht worden, wie man alle Welt glauben machte? Wie auch immer, dieser Hinweis im Jahr 1960 war der letzte in dem noch immer ungelösten Mordfall an Charles Walton.

Kapitel 17:

Eine unsterbliche Seele

Obwohl an diesem 18. Januar eisige Temperaturen herrschen und ein empfindlich kalter Wind geht, bemerkt Constable Kenneth G. dies nicht. Dazu ist er viel zu konzentriert. Seine Augen sind aufmerksam auf den schwammigen Boden in dem kleinen Wäldchen gerichtet, sein Blick sucht jeden Quadratzentimeter ab. Nicht zum ersten Mal in den vergangenen Tagen. Das Waldgebiet befindet sich nordwestlich der kleinen schottischen Stadt Fauldhouse. Der Moorboden gibt unter jedem Schritt nach. Schließlich hat sich der Constable bis zum nächsten Entwässerungsgraben vorgearbeitet. Aus der Ferne sieht das, was da aus dem morastigen Wasser herausragt, vielleicht annähernd so aus wie ein abgebrochener Ast. Doch als der Constable begreift, wird ihm schlagartig übel. Die Haut an seinem ganzen Körper fühlt sich zugleich heiß und eisig kalt an. Denn das, was sich da unten befindet, ist ... eine Hand mit einem Unterarm. Die Finger sind leicht gekrümmt, so als wollten sie noch im letzten Moment nach etwas greifen. Doch das Schlimmste ist die Haut – sie hat dieses ganz spezielle, grünlich-fleckige Beige, das nur bei Leichen zu sehen ist. Dadurch wirkt es so, als versuche sich ein Untoter aus seinem Grab zu wühlen und nach den Lebenden zu greifen. Oder ist es eher ein verzweifelter Hilferuf von jenseits des Grabes?

Kenneth G. schließt zitternd die Augen – nun haben sie endlich die Leiche von Thomas McKendrick gefunden!

Die kleine schottische Stadt Fauldhouse in der Region West Lothian befindet sich zum Jahreswechsel 2002 auf 2003 wie in einer Art Schockzustand. Fieberhaft wird seit Wochen schon nach dem 21 Jahre alten Thomas McKendrick gesucht. Der junge Mann gilt seit dem 11. Dezember bereits als verschollen, niemand hatte eine Idee, wo er sich befinden könnte. Er gilt als ein ausgesprochen freundlicher Mensch, der bei allen sehr beliebt ist. Er hat keine Feinde, insofern ist es unvorstellbar, dass er jemandem im Weg gewesen sein soll. Auch von möglichen Problemen oder Sorgen, die ihn vielleicht so sehr belastet haben könnten, dass er untertaucht oder davonläuft, ist nichts bekannt. Deshalb rätseln alle, was mit Thomas geschehen sein könnte. Seine besorgten Eltern haben direkt die Polizei informiert, die im

Rahmen ihrer Ermittlungen sämtliche seiner Freunde und Bekannten befragte. Darunter auch sein Freund, der 22-jährige Allan Menzies.

Menzies, dessen Eltern Thomas und Linda zu diesem Zeitpunkt bereits geschieden sind, gilt als ruhiger junger Mann, der wenige Freunde hat und gerne für sich bleibt. Nach der Schule arbeitet er eine Weile als Security. Allan und Thomas kennen sich bereits seit beide vier Jahre alt waren. Auch als Teenager und junge Erwachsene verbringen sie viel Zeit zusammen und werden über die Jahre zu besten Freunden. Leider kann auch Allan den Ermittlern keinen Hinweis geben, wo sich Thomas befindet oder was mit ihm passiert sein könnte.

So sucht die Polizei von Fauldhouse unermüdlich weiter. Anfang 2003 sind sie sich bereits sicher, dass irgendetwas Fürchterliches mit Thomas passiert sein muss. Und am 4. Januar des neuen Jahres wird aus der vagen, unguten Vermutung schließlich schreckliche Gewissheit: Als die Polizisten wieder eines der kleinen Waldgebiete rund um Fauldhouse durchkämmen, entdecken sie eine Tasche. Prall gefüllt. Jemand hatte sich offenbar große Mühe gegeben, sie im Unterholz zwischen Laub zu verstecken. In ihr befinden sich Kleidungsstücke. Blutverschmiert! Und es sind die Sachen, die Thomas am Tag seines Verschwindens getragen hat, das ist sicher. Aufgrund der Beschreibung, die Thomas‘ Eltern gegeben haben, kann dies eindeutig festgestellt werden. Damit ist klar:

Der 21-Jährige ist nicht etwa abgehauen, sondern hier liegt eindeutig ein Gewaltverbrechen vor. Doch wo ist die Leiche?

Zwei Tage später, am 6. Januar, wird Allan Menzies erneut von der Polizei zu dem Fall verhört. Im Revier ist man misstrauisch, denn schließlich ist das Zuhause von Allan, den Thomas am 11. September besuchte, dessen letzter bekannter Aufenthaltsort. Außerdem hat der junge Mann im Shopping-Center die Mutter des Vermissten gefragt, ob sie eine Idee hätte, wie man Blutflecken aus Kleidung entfernen kann. Bei diesem Verhör beteuert Menzies erneut, dass er nicht weiß, wo sich sein Freund befinden könnte. Er habe ihn zum letzten Mal am 11. Dezember gesehen. Allerdings geht er davon aus, dass Thomas noch lebt, denn er habe seither zweimal mit ihm telefoniert.

Weiß Allan zu diesem Zeitpunkt noch nicht, dass man die blutige Kleidung von Thomas inzwischen gefunden hat? Die Polizisten jedenfalls zögern nun keinen Moment länger und ergreifen ihre Maßnahmen. Sie rücken direkt aus und fahren zum Haus der Menzies in der Langrigg Avenue. Um zu verhindern, dass der wichtigste Zeuge in diesem Fall womöglich Beweise verschwinden lässt, wird das Haus direkt geräumt und dann vorerst versiegelt. Die Bewohner müssen das Haus umgehend verlassen und können unter den wachsamen Augen der Polizisten nur die wichtigsten Habseligkeiten zusammenraffen.

Dann kehrt erst einmal gespannte Ruhe ein. Es ist ein wenig wie die Ruhe vor dem Sturm, denn alle warten darauf, dass die Polizei endlich das Haus der Menzies genauer unter die Lupe nimmt. Warten hier tatsächlich Hinweise auf den Verbleib von Thomas, oder entpuppen sich Allans Schwindeleien womöglich nur als Versuche eines jungen Mannes, etwas anderes zu vertuschen? Was bei den Ermittlungen zutage treten wird, wird das Leben der Menschen in der schottischen Kleinstadt Fauldhouse für immer verändern. Doch damit nicht genug: Die Bewohner ganz Großbritanniens werden sich künftig fragen, wo die Grenzen von Realität und Fiktion liegen und ob sich beides überschneiden darf.

Von nun an überschlagen sich die Ereignisse in der schottischen Kleinstadt. Denn am 9. Januar muss Mr. Menzies schockiert feststellen, dass sein Sohn versucht hat, sich mit einer Überdosis Medikamenten das Leben zu nehmen. Er findet ihn in der gemeinsamen Übergangs-Unterkunft zum Glück gerade noch rechtzeitig, sodass die Ärzte ihn retten können. Doch anstatt dankbar zu sein, ruft Allan seinen Vater später noch aus dem Krankenhaus heraus an und klagt diesen wütend an, weil er ihn nicht sterben ließ.

Der Selbstmordversuch alarmiert die Ermittler im Mordfall McKendrick nur noch mehr: Am 10. und 11. Januar finden daher intensive Hausdurchsuchungen bei den Menzies statt, im Visier sind dabei vor allem die Räumlichkeiten, die Allan bewohnt. Was die Polizisten dort finden, verstört sie zutiefst. Denn es handelt sich vor allem um Videos und Bücher; Thema bei allem sind Vampire! Neben einer Kopie des Films „Königin der Verdammten“ entdecken sie ein Buch aus der Reihe „Chronik der Vampire“ der Schriftstellerin Anne Rice, das ihre Aufmerksamkeit auf sich zieht, denn zu zahlreichen Passagen gibt es handgeschriebene Kommentare und Anmerkungen am Rand, mit einer großen Anzahl an Schreibfehlern. Offensichtlich handelt es sich um Anmerkungen, die Allan selbst gemacht hat, weil ihm hieran etwas besonders wichtig war. Auf einer der Seiten hat er feinsäuberlich notiert: „Das Blut ist das Leben, ich habe das Blut getrunken und es soll mir gehören, denn ich habe das Grauen gesehen.“

Nach den Ergebnissen dieser Durchsuchungen kann es nur eine Entscheidung geben: Die Polizei verhaftet Allan Menzies am 20. Januar 2003 - obwohl noch immer keine Leiche gefunden wurde. Schließlich ist sein Verhalten mehr als nur eigenartig. Doch was nun folgt, werden die beiden Polizisten, die den jungen Mann am 22. Januar zur Vorladung beim Untersuchungsrichter bringen, später als grotesk und äußerst verstörend beschreiben. Es wirkt beinahe so, als wäre Menzies regelrecht froh, endlich offen mit jemandem reden zu können. Der 22-Jährige wirkt entspannt, gelassen und spricht während der Fahrt mit ruhiger Stimme zu den beiden Männern. Er fragt die Polizisten, was sie denken, wie es für ihn laufen wird. Menzies überlegt laut, dass er vermutlich 20 bis 25 Jahre erhalten wird, weil er „ihn“ mit einem Hammer und seinem Bowie-Messer erledigt hat. „Aber“, so fährt er bei dem Gespräch fort, „ich habe seine Seele bekommen.“ Und dann setzt Menzies noch hinzu: „Ich habe sein Blut getrunken und einen Bissen von seinem Kopf gegessen. Es war überall Blut und ich habe ihn in den Wäldern begraben."

Warum er jetzt über alles spricht, weiß niemand so genau. Vielleicht fühlt sich Allan überführt. Aber da ist es nun plötzlich, aus heiterem Himmel, ein Geständnis! Und Menzies gesteht einfach so, als würde er sich mit guten Bekannten zu einem gemütlichen Tee treffen und über das Wetter reden. Dabei berichtet er gerade, dass er seinen besten Freund getötet und verscharrt hat! Doch damit nicht genug – auch von Kannibalismus ist die Rede! Wegen Blut und einer Seele? Spätestens an diesem Punkt wird alles seltsam verquer.

Doch noch ist Menzies nicht fertig mit seinem gemütlichen Geplauder. Die Polizisten werden später in der Gerichtsverhandlung angeben, dass der junge Mann dann offen darüber nachdachte, dass er es vermutlich schafft, in die psychiatrische Abteilung des Staatskrankenhauses Carstairs zu kommen, wenn er auf schuldig plädiert. Ganze fünf Monate bis zum Beginn des Prozesses bleibt Menzies dann dort in der Psychiatrie. Später wird er hierüber lediglich sagen, er sei sehr enttäuscht gewesen, dass es dort keine anderen Vampire gegeben hat.

Doch zunächst ordnet das Untersuchungsgericht am 22. Januar an, dass Allan Menzies in das Gefängnis nach Saughton bei Edinburgh muss. Von hier aus schickt er Briefe an sich selbst – nach Hause. Briefe, in denen er ankündigt, wieder zu töten.

Unterzeichnet sind die Zeilen mit dem Wort „Vampir", mit seinem eigenen Blut geschrieben. Weil das Personal befürchtet, er könne einen Suizidversuch unternehmen, wird er später tatsächlich vorläufig nach Carstairs verlegt.

Noch im Januar 2003 wird in einem Waldgebiet bei Fauldhouse endlich auch die entsetzlich zugerichtete Leiche von Thomas Kendrick aufgefunden. Der Befund der Gerichtsmedizin ist erschütternd und belegt ein Ausmaß an Brutalität, das kaum vorstellbar ist. Dieser Tod muss schrecklich und extrem qualvoll gewesen sein. Allan Menzies hat seinen besten, langjährigen Freund mit einem Hammer gut zehn Mal auf den Kopf geschlagen und ihm so den Schädel zertrümmert. Doch damit nicht genug: Darüber hinaus hat er wie im Blutrausch auf ihn mit einem Messer eingestochen! Insgesamt 42 Mal drang die Klinge in den Kopf, das Gesicht und den Körper ein. Allein vier Einstichstellen sind in McKendricks Nacken zu finden, mindestens eine an der Hüfte. Ein Stich geht auch mitten durch seine Kehle hinauf in das Gehirn! Ein kaum noch erträglicher Anblick, selbst für die hartgesottensten Gerichtsmediziner.

Und dann, während langsam zusammen mit dem Blut das Leben aus dem Körper von Thomas McKendrick heraussickerte, muss sein bester Freund die körperwarme, dickflüssige, dunkelrote Flüssigkeit in einem Behältnis aufgefangen haben. Voller Gier, sie zu trinken und den Geschmack, der an Kupfer erinnert, auszukosten. Während sein Freund, dessen Kopf nur noch ein Brei aus Blut, Hirn und

Knochenmasse ist und dessen Körper von Einstichen übersät ist, neben ihm liegt und stirbt.

Auch die Tatwaffen werden nach dem Geständnis endlich aufgefunden; zwar ebenfalls im Moor, doch nicht am Ablageort der Leiche. Offensichtlich hat der Täter sich bemüht, es den Ermittlern nicht zu leicht zu machen. Daher hat er alle belastenden Hinweise getrennt und an unterschiedlichsten Orten versteckt: die blutbeschmierte Kleidung in einer Tasche, die Leiche in einem Entwässerungsgraben, die Waffen wiederum in einem anderen Versteck. Dabei hat er stets darauf geachtet, sie mit möglichst viel Abstand abzulegen. Er ging offenbar sehr zielgerichtet und überlegt vor, nicht wie jemand, der panisch nach einer Affekttat Beweise verschwinden lässt.

Der Prozess des selbsternannten Vampirs von Fauldhouse, der ab dem 8. Oktober 2003 in Edinburgh vor dem High Court unter Vorsitz des Richters Roderick MacDonald verhandelt wird, ruft breites öffentliches Interesse hervor. Und was bei der Untersuchung herauskommt, wird in der Tat so spektakulär und verschroben sein, dass es für die meisten Menschen nicht einmal ansatzweise nachvollziehbar ist. Die wildesten Phantasien werden am Ende sogar noch übertroffen, denn in den kommenden Verhandlungstagen wird man tief in die wirre Gedankenwelt des jungen Angeklagten eintauchen.

Allan Menzies ist regelrecht besessen von dem Gedanken an die Existenz von Vampiren, übernatürlichen Wesen, die sich durch das Blut ihrer Opfer ernähren und dadurch bis in alle Ewigkeit leben können. Ohne zu altern, ohne zu sterben. Mächtige Wesen, die keinen irdischen Beschränkungen unterliegen. Besonders die Buchreihe der „Chronik der Vampire " der Schriftstellerin Anne Rice hat es ihm angetan, vor allem aber die Verfilmung mit dem Titel „Königin der Verdammten". Von diesem Streifen haben die Polizisten bei der Durchsuchung eine abgegriffene Kopie in Menzies Zimmer gefunden. Es stellt sich heraus, dass es bereits die zweite Video-Kassette war, weil sie wieder und wieder lief. Ganze 100 Mal, mindestens drei Mal pro Tag hat Allan den Film in dem Monat vor dem 11. Dezember gesehen. Wieder und wieder. Er tauchte tief in die Welt der Handlung ein, deren Hauptfigur die mächtige Vampirkönigin Akasha ist (im Film gespielt von der verstorbenen Sängerin Aaliyah). So sehr ist Menzies schließlich in seinen Gedanken gefangen, dass er schließlich glaubt, dass diese Akasha ihn bei sich zu Hause besucht und Gespräche mit ihm führt. Konversationen, an deren Ende die beiden schließlich einen Deal schließen: Akasha wird ihn im nächsten Leben belohnen, wenn er Menschen tötet. Sein Lohn: Er soll eine unsterbliche Vampirseele erhalten.

Keimt schon jetzt in ihm der Gedanke auf, ausgerechnet seinen einzigen guten Freund Thomas umzubringen und dessen Blut zu trinken und ein Stück von seinem Fleisch zu essen? Geschah der grausame Mord vorsätzlich?

Oder war es eher so, wie Menzies – oder Leon, wie er sich selbst in Anklang an einen der Filmcharaktere von nun an nennt – es dem Gericht glauben machen will? Er behauptet, dass der Mord im Affekt geschah. Denn Thomas habe den fürchterlichen Fehler begangen, die Vampir-Figur Akasha zu beleidigen und sich über sie lustig zu machen. Und in dem Moment wollte Menzies ihn nur noch bestrafen. Er schlug dem Kumpel voller Wut auf den Kopf und stach mehrfach auf ihn ein.

Schließlich, so erläutert Menzies dem Gericht, sei er zu einem Vampir geworden und von dem Moment an auch unsterblich. Und zugleich sei in ihm das Verlangen gewachsen, hinauszugehen in die Welt und Menschen umzubringen.

Wird Menzies womöglich selbst bewusst, wie seltsam und abstrus sich diese Schilderung seiner Gedanken und Gefühle anhört? Denn er führt aus, dass er in dem Augenblick der Attacke offenbar an einer Episode paranoider Schizophrenie gelitten haben muss, weshalb er völlig außer Kontrolle geriet und nicht mehr Herr seines Verstandes war. Wie um dies zu untermauern, spricht er von Stimmen, die er in seinem Kopf gehört hat. Stimmen, die ihm zuflüstern, dass Thomas gemeinsam mit einem weiteren Freund namens Stuart ein Mordkomplott gegen ihn geplant hätte.

Wie hat diese Version der Geschichte auf die beiden Polizisten gewirkt, die Allan am 22. Januar damals zur Vorladung vor das Untersuchungsgericht in Saughton gebracht haben? Bei dieser Fahrt hatte Allan ja damals den Mord gestanden und sich bereits Gedanken über das mögliche Strafmaß und sogar über seine Verteidigungsstrategie gemacht. Beide Polizisten sind auch bei diesem Prozess vor dem High Court anwesend. Und sie betonen bei ihren Aussagen, dass der junge Täter damals in ihrem Fahrzeug weder sonderlich erregt, noch verwirrt gewirkt habe. Vielmehr sei er ihnen sehr überlegt und klar erschienen. Ist der vermeintliche Irrsinn, der den Verstand von Allan umnebelt hat, womöglich schlicht eine perfide Strategie, um einer Haftstrafe zu entgehen?

Denn offensichtlich schreckt Allan vor nichts zurück, um die eigene Position zu verbessern. Im Prozess wird er nämlich auch aussagen, dass er Komplizen bei seiner Tat gehabt hat. Angeblich soll sein eigener Vater, Thomas Menzies, die Leiche des Opfers entsorgt haben. Geholfen habe diesem dabei der Freund Stuart. Am Montag nach der Tat hätten die beiden Männer morgens gegen 2 Uhr die Leiche in einem Müllcontainer in das Waldgebiet im Fauldhouse Moor gebracht und sie dort im Entwässerungsgraben versenkt. Treuherzig versichert Allan dann noch, er habe bis zu diesem Moment nur nichts gesagt, um seinem Vater nicht zu schaden.

Dessen schockierte Reaktion ist jedoch eindeutig. Thomas Menzies weiß weder etwas von einem Müllcontainer noch einem Teich. Es ist offensichtlich, dass der Vater nicht einmal genau über den Ablageort der Leiche informiert ist.

Gerade die Klärung der Schuldfähigkeit wird im Folgenden zu einem wesentlichen Punkt des Prozesses werden. Der psychiatrische Gutachter der Verteidigung unterstützt Menzies Aussage, dass dieser an paranoider Schizophrenie leidet und insofern nur vermindert schuldfähig sein kann. Doch drei andere Experten schließen diese Diagnose eindeutig aus und bescheinigen, dass der junge Mann vielmehr an einer „antisozialen Persönlichkeitsstörung“ leidet. Kennzeichen hierfür sind u.a. fehlende Reue, wiederholtes Lügen, der Gebrauch von Decknamen, Impulsivität und Aggressivität, die Unfähigkeit einer dauerhaften Beschäftigung nachzukommen sowie die Unfähigkeit, sich an Gesetze und gesellschaftliche Normen zu halten. Er sei zwar jemand mit einer ausgeprägten Phantasie, aber dies sei kein Zeichen einer Geisteskrankheit.

Menzies Vorgeschichte, die ebenfalls zur Sprache kommt, zeigt, dass Gewalt und Sadismus Teil seines Charakters sind. Weil er 1996 einem Mitschüler mit einem Messer ins Auge gestochen hatte, musste er damals für drei Jahre in die Psychiatrie in Glasgow. Seine Mutter, Linda Menzies (49), beschreibt ihn zudem als geistig eingeschränkt. Allan sei als Kind tagelang in seinem abgedunkelten Zimmer geblieben und habe Anzeichen von Hospitalismus gezeigt. Veränderungen konnten Panikattacken hervorrufen. Schon früh habe er versucht, sich selbst zu verletzen und mit Tabletten umzubringen.

Das Gesamtbild der Aussagen weist schließlich auf eine äußerst schwierige, gewaltbereite Persönlichkeit des Angeklagten hin – aber zeigt er tatsächlich auch Anzeichen für eine massive psychische Erkrankung, die ihn schuldunfähig macht?

Zum Schluss plädiert der „Vampir von Schottland“ zwar für schuldig – doch nur schuldig des Mordes im Affekt bei verminderter Schuldfähigkeit.

Die Haltung des Richters ist klar und eindeutig: Er, der Richter erkennt keinerlei schuldmindernden Umstände an, sondern sieht in Menzies schlicht einen „bösen und gefährlichen Psychopathen“, der weggeschlossen werden muss. Allan Menzies wird daher schließlich zu mindestens 18 Jahren Gefängnis verurteilt, bevor er einen Begnadigungsantrag stellen kann.

Nach dem Verfahren wird Menzies Rechtsanwalt betonen, dieses Urteil sei ein Beleg dafür, wie die Gesellschaft psychische Erkrankungen stigmatisiere. Die Schwester des Ermordeten, Sandra-Mary (23), ist sich jedoch sicher: „Er hat bekommen, was er verdient hat. Ich glaube fest, dass er nicht geisteskrank ist; das war nur Schauspielerei.“

Am 15. November 2004 wird Allan Menzies tot aufgefunden. Er hat sich mit seinem Bettlaken an einem Metallgitter außerhalb des Fensters seiner Einzelzelle in Shotts Prison, Glasgow erhängt. Ein Abschiedsbrief wird nicht gefunden. Was hat Allan Menzies zu diesem Schritt bewogen? Der Glaube an ein Leben danach als unsterblicher Vampir? Reue über seine Tat? Oder war dies womöglich ein weiterer Suizidversuch eines psychisch Erkrankten, bei dem dieses Mal jedoch niemand zur rechtzeitigen Rettung hinzukam?

Kapitel 18:

Stolperstein für den Falschen

Als er im September 2009 das Gerichtsgebäude verlassen will, erwartet ihn bereits die Horde der Journalisten. Schlagartig setzt ein Blitzlichtgewitter ein und Kamerascheinwerfer strahlen ihn an, sodass der Mann nahezu geblendet ist. Von überall her werden dem Kriminalhauptkommissar Mikrofone vor das Gesicht gehalten, denn alle Reporter gieren nach einem Statement von ihm. Immerhin war er derjenige, der ganze neun Jahre lang unablässig daran glaubte, dass man den Schuldigen dingfest machen würde. Was war seine Meinung zu dem Verfahren? Was denkt er über den Angeklagten? Brent Hyatt sammelt sich einen Moment, ehe er etwas sagt. Doch dann entgegnet er mit entwaffnender Ehrlichkeit: „Er hat sich als äußerst arroganter, zwanghafter und geübter Lügner erwiesen, der von dem Wunsch getrieben wurde, Geld zu verdienen." Was er jedoch nicht hinzusetzt: Und der wirklich über Leichen ging, um sein Ziel zu erreichen.

Als Michael Lanitis den Gebäudekomplex in Kensal Rise, im Nordwesten Londons, 1978 erwirbt, hat er damit große Pläne. Er lässt einige Wohnungen einbauen und betreibt hier einen Großhandel für Lebensmittel, Bier und Weine. Die Kombination aus Essen/Shopping und Wohnen ist für die damalige Zeit ein ausgesprochen innovatives Projekt. Einer der Mitarbeiter von Lanitis ist zu dem Zeitpunkt sein Schwager Charalambos Christodoulides, ein stiller, freundlicher Mann, der von seinen Angehörigen und Bekannten nur mit „Bambi“ angesprochen wird. Seinem länglichen Gesicht mit den leicht verhangenen Augen, die sich hinter einer großen Brille verstecken, merkt man Intelligenz an. Ursprünglich hatte Christodoulides Ökonomie studiert, dennoch zieht er es vor für Lanitis zu arbeiten. Dieses Arbeitsverhältnis endet erst, als er durch einen Unfall mit einem Fass verletzt wird und eine Behinderung zurückbleibt. Seitdem führte der Zypriote ein stilles, zurückgezogenes Leben – nur unterbrochen von Ausflügen in die Stadt, bei denen er gerne wie ein distinguierter Gentleman auftritt, edle, maßgeschneiderte Anzüge trägt, in kleinen Gaststätten einkehrt und dort die Ergebnisse der Pferderennen studiert. Denn sein kleiner persönlicher Luxus ist es, hin und wieder beim Buchmacher ein paar Pfund auf schnelle Vollblüter zu setzen.

1993 schließt Lanitis das Warenhaus endgültig und zieht mit seiner Familie um. Christodoulides der nicht wegziehen will, erhält die Aufgabe, sich als Hausmeister um den Gebäudekomplex zu kümmern. Gelegentlich bekommt er Besuch von seinen Verwandten, die ihm beim Aufräumen seiner Wohnung helfen, aber er fährt auch jeden Sonntag zu ihnen, um mit ihnen gemeinsam zu essen.

Dennoch macht sich die Familie am Sonntag, den 12. März 2000, zunächst wenig Sorgen um den 57 Jahre alten Christodoulides, als der sich nicht wie gewohnt bei ihnen zum Essen einfindet. Erst am folgenden Donnerstag, dem 16. März, werden sie schließlich unruhig und kontaktieren die Polizei.

Die Polizisten können im Warenhaus, in dem Christodoulides wohnte, keine Spuren eines Einbruchs entdecken. Bei der Durchsuchung stoßen sie zwar auf Geldbörse und Brille von Christodoulides sowie auf sein Busticket und auch einige Blutspuren, doch von ihm selbst fehlt jede Spur. Die aktuellste Zeitung in seiner Wohnung, welche die Polizisten finden, stammt vom 10. März. Sein Busticket, mit dem er noch zum Buchmacher fuhr, ist bereits am 9. März abgelaufen und wurde nicht verlängert. Auch seine Gewinne hat er nicht im Wettbüro abgeholt. Die Polizei tippt zunächst ratlos auf Amnesie, doch die besorgte Familie gibt sich mit dieser Erklärung nicht zufrieden und fordert mit Nachdruck weitere Ermittlungen.

Als neun Tage später, am Samstag, den 25. März, das Warenhaus erneut durchsucht wird, gehen die Officers deutlich

akribischer zu Werke – und machen tatsächlich eine Entdeckung!
Die Suche wird dieses Mal nämlich auf den in das Warenhaus integrierten Garagen-Bereich ausgedehnt, der auch eine Werkstattgrube beinhaltet. Als die Polizisten kurz in die dunkle Grube hineinleuchten, stockt ihnen der Atem. Unten liegt etwas! Von oben sind nur Laken und Müllsäcke zu sehen. Das Bündel am Boden der Grube lässt jedoch nichts Gutes erahnen. Als die Polizisten hinuntersteigen und vorsichtig die Verhüllung wegziehen, schlägt ihnen als erstes ein durchdringender chemischer Geruch entgegen. Farbentferner! Dann legen sie den Körper frei. Der Anblick ist selbst für die erfahrenen Ermittler ein Schock: Vor ihnen liegt eine männliche Leiche, die an einigen Stellen Verbrennungen aufweist.

Zwei Tage später kann der Tote im Rahmen einer Autopsie endlich zweifelsfrei identifiziert werden: Es handelt sich tatsächlich um den 57-jährigen Christodoulides. Und es gibt Anzeichen, dass ihn jemand vor seinem Tod gefoltert und gequält hat. Blutspuren deuten darauf hin, dass der Mann zuvor an einem Stuhl festgebunden war und er während der Misshandlung eine Kapuze trug. Strangulationsmale an seinem Hals belegen des Weiteren, dass er schließlich erwürgt wurde.

Alle sind erschüttert und verstört, denn Charalambos Christodoulides wurde von seinen Angehörigen als freundlich, sanft und zurückhaltend bezeichnet. Deshalb auch sein Spitzname „Bambi“. Wieso musste ausgerechnet so ein Mensch einen solch brutalen Tod sterben? Auch hinsichtlich der Tatsache, dass sich seine Mörder eine enorme Mühe gegeben haben, die Leiche unkenntlich zu machen, sind die Polizisten ratlos. Lediglich der Todeszeitpunkt lässt sich genauer eingrenzen: Der Mord muss passiert sein nach dem Besuch im Wettbüro. Spuren vor Ort deuten zudem darauf hin, dass der behinderte Mann vor dem Gebäude angegriffen und dann ins Innere verschleppt wurde. Obwohl die Täter so akribisch versucht haben, die Leiche unkenntlich zu machen, haben sie keine Versuche unternommen, ihre eigenen Spuren zu verwischen, sodass die Ermittler sowohl DNA als auch Fingerabdrücke sicherstellen können.

Als die Ermittlungsbeamten weitergehende Nachforschungen anstellen, taucht plötzlich ein Name auf, mit dem niemand gerechnet hätte: Thanos Papalexis.

Im London der Jahrtausendwende ist Thanos Papalexis eine feste Größe der Society. Der 37 Jahre alte Sohn eines griechischen Schiffsmagnaten, ein gutaussehender, dunkelhaariger Mann mit einem kantigen Kinn, das seinem Gesicht einen besonders energischen Zug verleiht, stieg nach dem Studium in das Familienunternehmen ein, um dieses dann energisch zu diversifizieren. Er entwickelte es weg von Schifffahrt und Ölhandel und hin zum Immobilienhandel. Zu seinem Imperium gehören mehrere Unternehmen im Bereich Immobilien-Investment sowie im Gastgewerbe. Bekannt wurde er unter anderem durch Immobilienleasing, wobei er seinen

Fokus besonders auf Florida in den USA legt. Legendär wurde er durch einen ganz besonderen Deal: Als in West Palm Beach ein Hochhauskomplex bei einem Hurricane beschädigt wurde, führte er Kaufverhandlungen mit jedem einzelnen der 119 Eigentümer durch. Die extreme Hartnäckigkeit und der Ehrgeiz des jungen Unternehmers sicherten ihm großen Respekt in der Branche, auch wenn das Geschäft platzte.

Bei seinen Deals agiert Papalexis häufig als „Heuschrecke" – er kauft eine günstige alte Immobilie und vermittelt dabei den Eindruck, das Gebäude revitalisieren und weiter entwickeln zu wollen. Tatsächlich jedoch setzt er alles daran, um die Gebäude möglichst schnell wieder zu verkaufen – mit Gewinn natürlich. Dabei zahlt er den Verkäufer erst, wenn er den Betrag aus dem nachfolgenden Verkauf erhält, wodurch sich so ein Deal für Papalexis einerseits kostenneutral und andererseits höchst profitabel gestaltet. Die Erträge wiederum dienen der Finanzierung anderer, paralleler Projekte, bei denen er leider häufig kein glückliches Händchen hat, oder sollen seinen kostspieligen Lebensstil ermöglichen.

Papalexis hält nämlich nichts von Bescheidenheit, sondern kostet das Leben eines Playboys und Millionärs in vollen Zügen aus – vor allem während der Zeit, die er in den USA verbringt. Er trägt teure Anzüge, stattet seine Geschäftsräume sowie die Wohnungen in den USA mit goldenen Thronen aus. Dabei handelt es sich unter anderem, um die Strandvilla des ermordeten Mode-Gurus Gianni Versace in Florida, die Casa

Casuarina. Man sieht ihn im Bentley oder Lamborghini herumfahren, aber auch rauschende Partys sind genau sein Stil. Dabei umgibt er sich besonders gerne mit wichtigen Persönlichkeiten und Berühmtheiten wie Paris Hilton und dem Designer Valentino, oder veranstaltet Fundraising-Events für Hillary Clinton, bei denen auch deren Mann, Ex-Präsident Bill Clinton, anwesend ist.

Seinen Ruf als Playboy zementiert er durch zahlreiche wechselnde Frauenbekanntschaften, worunter durchaus auch Edel-Prostituierte und Filmstars der Porno-Szene sind. Schließlich munkelt man hinter vorgehaltener Hand, dass der ehrgeizige griechischstämmige Geschäftsmann und Immobilienentwickler sich ebenso für abseitigere sexuelle Praktiken interessiert.

Tatsache ist jedoch, dass Papalexis sich durch seinen kostspieligen Lifestyle und durch sein unangebrachtes Verhalten in Geschäftssachen und zwielichtige Deals immer mehr in eine finanzielle Misere begibt. Zunehmend manövriert er sich ins gesellschaftliche Aus. So erhält er beispielsweise zahllose Betrugsanzeigen, weil sich sein Projekt eines DeLuxe-Wohnclubs in Florida als Luftnummer entpuppt. Die versprochenen Annehmlichkeiten wie Privatjets und teure Mietwagen werden nicht eingehalten. Die Miete für die Versace-Villa zahlt der Immobilienentwickler nicht und seine Schecks platzen umgehend.

Im Frühjahr 2000 befindet sich Papalexis in London, wo wieder einmal einer seiner „Heuschrecken-Deals“ zur Zwischenfinanzierung ansteht. Wunschimmobilie ist dieses Mal das alte, verlassene Warenhaus in Kensal Rise, wo der bescheidene Christodoulides als Hausmeister lebt. Ein Jahr zuvor hatte sich Michael Lanitis dazu entschlossen, die Immobilie endlich abzustoßen. Wieder einmal befindet sich der 37-jährige Papalexis in einer extremen finanziellen Klemme, denn ein anderes riskantes Immobiliengeschäft aus dem Jahr 1999 steht kurz vor dem Scheitern. Die billigen illegalen Handwerker sind zu unerfahren und liefern von Anfang an mangelhafte Arbeit ab. Die Gläubiger stehen Papalexis auf den Füßen und er benötigt dringend Geld. Als Lanitis signalisiert, dass Papalexis das Warenhaus in Kensal Rise für 2.000.000 Pfund kaufen könne, greift Papalexis direkt zu. Lanitis ahnt nicht, dass der Millionär gar nicht vorhat die Immobilie zu sanieren oder umzubauen. Er peilt lediglich einen Profit von rund 300.000 Pfund an, den er durch einen schnellen Weiterverkauf erwirtschaften will.

Allerdings kommt nun Christodoulides ins Spiel, der sich zu einem Stolperstein entwickelt. Trotz seiner vorherigen Zusicherungen an Lanitis, bei Bedarf aus seiner Wohnung auszuziehen, weigert der sich nun plötzlich. Papalexis sitzt auf heißen Kohlen – Jede Woche, die Christodoulides in der Wohnung bleibt, kann er den Komplex nicht weiterverkaufen. Im Klartext: Die Weigerung kostet Papalexis wöchentlich satte

60.000 Pfund. Als den Ermittlern der Polizei dieser Sachverhalt bekannt wird, sind sie sofort alarmiert. Das ist eindeutig ein Motiv!

Doch sie sind zu spät, der Millionär ist bereits in die USA geflüchtet. Durch den missglückten Immobiliendeal steht er plötzlich mit 8 Millionen Pfund in der Kreide und seine Gläubiger in London sind ausgesprochen ungehalten. Also entzieht er sich unerwartet dem Zugriff der Polizei. Dennoch werden die Ermittler in England die nächsten Jahre an ihm dranbleiben und alles tun, um den Mordfall weiter aufzuklären. In den folgenden neun Monaten entdecken sie weitere DNA-Spuren und Fingerabdrücke von anderen Personen in dem Warenhaus – zwei weitere Männer müssen ebenfalls hier anwesend gewesen sein. Ein Rückschlag für die Ermittler, denn damit ist der Immobilienhändler nicht mehr der einzige Verdächtige. Doch die Polizisten ermitteln hartnäckig weiter.

Währenddessen genießt Papalexis in den USA das Leben in vollen Zügen. Er gibt Tausende von Dollar für Orgien mit seinen wechselnden Gespielinnen aus, denen er auch gerne mal Brustimplantate spendiert. Allerdings stolpern auch seine neuen Geschäftspartner zunehmend über die Eigenheiten seines speziellen Charakters. Es scheint, als würde Papalexis in seinem Leben nur die eigenen Regeln akzeptieren.

Zurück in Großbritannien werden im März 2008 ohne großes Aufsehen zwei Männer verhaftet: die illegalen Einwanderer aus Albanien Ylli Xhelo und Robert Baxhija. Grund für die Verhaftung ist eigentlich nur Marihuana, das sie bei sich haben, doch bei dem routinemäßigen Abgleich mit der Datenbank kommt es zu einer kleinen Sensation. Bei den beiden Handwerkern handelt es sich eindeutig um die Männer, deren Spuren ebenfalls im Warenhaus gefunden worden sind. Und wieder weist die Spur auf Papalexis, denn die Männer waren Angestellte bei dem missglückten Bauprojekt aus dem Jahr 1999! Am 15. März 2008 werden Xhelo und Baxhija des Mordes an Christodoulides angeklagt. Die Anklage scheitert jedoch, denn sie können plausibel erklären, dass sie den Mord nicht verübt haben; sie hätten lediglich den Tatort aufgeräumt und die Leiche beseitigt. Der Mörder sei Papalexis. Er habe sie mit vorgehaltener Waffe gezwungen, die Spuren der Tat zu beseitigen. Wieder einmal gerät der Millionär in den Fokus der Ermittlungen!

Dennoch kann Kriminalhauptkommissar Brent Hyatt, der Verantwortliche in dem Mordfall, nicht direkt zuschlagen – Papalexis befindet sich zu diesem Zeitpunkt auf den Bahamas. Erst am 7. November 2008 wird der Lebemann von US-Marshalls in Florida verhaftet, während er gerade mit einer Freundin in einem edlen Restaurant diniert.

Für Hyatt ist es ein Glücksfall, als sich schließlich noch eine wichtige Zeugin bei ihm meldet. Bei diesem letzten „Puzzleteil" handelt es sich um den ehemaligen Hardcore-Pornostar Rebecca DeFalco, die außerdem als Luxus-Prostituierte gearbeitet hat. Sie und Papalexis lernten sich während ihrer Zeit als Luxus-Escort-Dame kennen und er frequentierte DeFalco häufig. Ihre Treffen waren durchaus besonders, denn der Millionär genoss es, sie beim Sex mit anderen Männern zu beobachten oder mit ihr sadomasochistische Vorlieben auszuleben. Doch viel wichtiger: Papalexis hat gegenüber DeFalco den Mord an Christodoulides gestanden! Bei einem gemeinsamen Streit erklärt er: „Ja, ich habe einmal einen Mann erwürgt. Er hat mir Probleme bereitet." Anschließend beschreibt er detailliert die Tat und erwähnt dabei das Warenhaus in Kilburn sowie den missglückten Deal.

Die Boulevard-Presse stürzt sich geradezu auf das Gerichtsverfahren gegen den Millionär und Playboy Thanos Papalexis. Es beginnt im Juni 2009 im Old Baileys in London. Richter ist Jeremy Roberts. Neben den Ergebnissen der Polizeiermittlungen zum Mord an Charalambos Christodoulides ist die Aussage der Haupt-Belastungszeugin Rebecca DeFalco dabei von großer Bedeutung. Zumal der E-Mail-Kontakt, den sie mit Papalexis kurz vor dessen Verhaftung hat und der von Staatsanwalt Laidlaw verlesen wird, ein bezeichnendes Schlaglicht auf seinen Charakter wirft. Als DeFalco dem Millionär schreibt, sie leide an Krebs, kommt von ihm nur eine ganz kurze Antwort zurück: „Bon Voyage!"

Im Rahmen des Prozesses wird Papalexis als „klassischer Psychopath" beschrieben, der Befriedigung durch kriminelle, sexuelle und aggressive Impulse sucht und hier komplett außer Kontrolle geraten ist. Er sieht sich als über dem

Gesetz stehend, wie ein Post von ihm auf einer Sadomasochisten-Webseite eindrucksvoll unterstreicht. Darin bezeichnet er sich selbst als „König seines eigenen Reiches und alle anderen sollen ihm zu Willen sein".

Aufgrund seiner Unerfahrenheit, so die Verteidigung, habe der Angeklagte im Jahr 2000 schwere finanzielle Verluste erlitten, durch die er in eine gefährliche Situation geriet. Deshalb hätte Papalexis verzweifelt nach einem Ausweg gesucht.

Der Immobilienentwickler bestreitet bis zum Schluss den Mord an Christodoulides, doch in seiner Urteilsbegründung verweist Richter Roberts darauf, dass er unzweifelhaft derjenige gewesen sei, der die Anweisungen gegeben habe und somit auch hauptsächlich verantwortlich ist für die Tat. Dabei habe es sich um seine eigene, ganz spezielle Art und Weise gehandelt, mit einem ernsten Problem umzugehen – es sei seine Entscheidung gewesen, einem harmlosen und unschuldigen Menschen das Leben zu nehmen. Grund für die Exekution seien schlicht und ergreifend Habgier und finanzieller Profit gewesen. Das Opfer war für Papalexis komplett entbehrlich und habe daher aus dem Weg geräumt werden müssen. Für den Richter gibt es nur eine Bezeichnung für einen Menschen wie Papalexis: Er sei eine „vollkommen amoralische Person".
Das Urteil lautet auf mindestens 20 Jahre Gefängnis.

Papalexis' Komplizen, die Albaner Baxhija und Xhelo, die ebenfalls des Mordes angeklagt waren, kommen bei dieser Verhandlung noch einmal glimpflich davon. Jedoch werden sie in einem Wiederaufnahmeverfahren, am 15. Februar 2010, ebenfalls des Mordes schuldig gesprochen und erhalten beide eine lebenslange Freiheitsstrafe.

Für Christodoulides' Schwester Anna ist es unfassbar, dass Charalambos' Leben wegen der persönlichen Habgier eines Millionärs ausgelöscht wurde. Eiskalt und berechnend. In ihrer schriftlichen Aussage vor Gericht ist zu lesen: „Ich glaube fest daran, dass er eine Art Teufel ist ..."

Es zeigt aber auch, wie verzweifelt die Angehörigen des behinderten Hausmeisters versuchen, so etwas wie einen Sinn für die Folterung und Ermordung des vollkommen harmlosen Mannes zu finden. Alles wirkt schief und verdreht. Warum wird Christodoulides gefoltert, wenn er doch sowieso aus dem Weg geräumt werden sollte? Oder plante Papalexis zunächst nur, den Mann, der seinen Plänen im Weg war, durch die Folterung einzuschüchtern? War es womöglich einfach nur eine Form der Frustentladung, weil ein Mensch auf dem emotionalen Stand eines „verzogenen Kindes" nicht seinen Willen bekam? Und wählte er dazu das Mittel der Strangulation, konnte aber – durch eine Art Blutrausch womöglich – nicht mehr rechtzeitig aufhören? Ging hier schlicht etwas unfassbar schief? Oder hatte die Folterung eine ganz andere Funktion? Ging es hierbei womöglich darum, den Mann leiden zu lassen, weil er Papalexis Unbehagen verursachte? War der Millionärssohn in seiner Eitelkeit gekränkt und wollte daher den unbedeutenden Hausmeister eine Lektion erteilen? Vorstellbar ist jedoch auch, dass der Millionär und Playboy, dessen Gefühlskälte belegt ist, schlicht eine sadistische Ader ausleben wollte.

Vermutlich wird die Frage, warum das Opfer, der Mann mit den Wurzeln auf der sonnigen Mittelmeerinsel Zypern, in seinen letzten Stunden leiden musste, niemals beantwortet werden können. Möglicherweise hätte er sich durch eine Abfindung zum Auszug bewegen lassen. Doch nichts lag Papalexis offenbar ferner als etwas von seinem Gewinn abzugeben. Zurück bleibt die Erinnerung an einen freundlichen, zurückhaltenden Menschen, den wegen seiner dunklen Augen alle Bambi nannten. Ein Mann, dessen einziges Vergehen es war, zur falschen Zeit am falschen Ort den falschen Menschen zu begegnen.

Kapitel 19:

Verhängnisvolle Lügen

Für Mary Sedotti wird der 5. Dezember bis in alle Ewigkeit ein Tag sein, an dem sie wieder und wieder an ihre Tochter Teresa denken muss. Wie würde sie heute aussehen? Hätte sie eine glückliche Familie? Mit vielen Kindern? Die Mutter mit den kurzen grauen Haaren und den traurigen Augen erinnert sich häufig an „ihr Mädchen" Teresa, die sie als schüchterne aber glückliche junge Frau beschreibt. Fotos von Teresa bestätigen diesen Eindruck: zu sehen ist eine eher stämmige, freundlich aussehende junge Frau mit 70er-Jahre-Außenwelle, die verhalten in die Kamera lächelt. Ein Lächeln, das nach dem 5. Dezember 1979 nur noch auf Fotos zu sehen sein wird.

Teresa Elena De Simone wird am 24. Juni 1957 geboren. Die zurückhaltende junge Frau aus Southampton steht mit 22

Jahren auf eigenen Füßen und bestreitet ihren Lebensunterhalt selbst. Tagsüber arbeitet sie Vollzeit für das Energieunternehmen Southern Gas. Um sich aber das erste eigene Auto, einen Ford Escort, leisten zu können und neue Kontakte zu knüpfen, nimmt sie Anfang November 1979 eine Tätigkeit als Barfrau in einem Pub an.

Das „Tom Tackle“ ist zentral gelegen, zudem nur knapp 50 Meter von der Polizeiwache und den Gerichtsgebäuden Southamptons entfernt. Auch zum Hauptbahnhof ist es nur ein kurzer Spaziergang.

Teresas Schicht endet am 4. Dezember gegen 23 Uhr; Teresas Freundin Savage wartet bereits, um sie mitzunehmen. Die beiden haben beschlossen, den Geburtstag von einer weiteren gemeinsamen Freundin, Jenni, in einer Disco zu feiern. Zusammen fahren sie mit nur einem Auto hin. Kurz nach Mitternacht bringt Savage ihre Freundin wieder zurück zum „Tom Tackle“, wo sie zwischen halb eins und eins, am 5. Dezember, auf dem Parkplatz ankommen. Die beiden Freundinnen bleiben noch eine Weile im Wagen von Savage sitzen und reden, dann verabschiedet sich De Simone, steigt aus und geht zu ihrem Escort. Savage fährt davon. Das ist das letzte Mal, dass sie ihre Freundin lebend sieht.

Am nächsten Morgen stellt Teresas Mutter fest, dass ihre Tochter in der Nacht nicht nach Hause gekommen ist. Sie bittet ihren Mann Michael, Teresas Stiefvater, nachzusehen was los ist. Der fährt kurz zum Pub und sieht dort den Escort auf dem

Parkplatz stehen und kehrt wieder um. Vermutlich geht er davon aus, dass Teresa bei jemandem übernachtet.

Kurz nach zehn Uhr kommt Anthony P., der Betreiber des „Tom Tackle“, zum Pub. Er erwartet eine Warenlieferung. Weil Teresas Wagen im Weg ist, will er ihn etwas zur Seite bewegen. Als er direkt davor steht und ins Innere des Autos sehen kann, stockt ihm der Atem. Der Herzschlag setzt einen entsetzlich langen Moment aus – denn auf der Rückbank liegt ein lebloser, halbnackter Körper. Es ist Teresa. Als Anthony wieder klar denken kann, alarmiert er sofort die Polizei.

Die Kriminalbeamten kommen umgehend und beginnen sofort mit den Ermittlungen. De Simone wurde offensichtlich brutal vergewaltigt und schließlich erwürgt. Das Perfide: Es sieht so aus, als habe der Mörder deren eigene Kette mit dem Kruzifix-Anhänger dafür genutzt! Ein Umstand, der ihm später den Spitznamen „Kruzifix-Killer“ einbringen wird.

Gegen 11:45 Uhr erscheint der Pathologe und begutachtet die Leiche, die auf der Rückbank mit gespreizten Beinen liegt. Die linke Brust ist entblößt, der Unterkörper ist von der Taille an nackt. An einem Bein sind noch Reste der Strumpfhose, die bis zum Knöchel heruntergezogen wurde. Der übrige Teil der Strumpfhose sowie die Unterwäsche liegen im Fußraum.

Weißer, schleimiger Schaum im Mundraum der Toten belegt, dass die Strangulation tatsächlich die eigentliche Todesursache war. Schürfspuren deuten auf die Kette hin; diese ist verschwunden – und wird auch nie aufgefunden werden. Ebenso der restliche Schmuck und die Autoschlüssel; Teresas Handtasche und andere persönliche Gegenstände wurden in der näheren Umgebung zurückgelassen. Alle Beteiligten sind sich jedoch sicher, dass es sich hierbei nicht um einen Raubüberfall, sondern um eine brutale Vergewaltigung handelt, nach der das Opfer erwürgt wurde. Teresas Genitalien weisen starke Verletzungen auf und im Vaginalkanal wird Sperma gefunden. Durch die Menge kann der Tatzeitpunkt recht genau eingegrenzt werden: Zwischen 1 und 2 Uhr nachts am frühen Morgen des 5. Dezember.

Für die Ermittler ist damit klar: Die Vergewaltigung und der Mord müssen kurz nach dem Wegfahren der Freundin geschehen sein. Hat der Mörder die beiden Frauen beobachtet und wurde aktiv als Teresa allein war? Oder saß er womöglich bereits in ihrem Escort und wartete auf sie?

Anhand der Proben, die die Forensiker vaginal, anal, oral sowie von der Kleidung der Toten und aus dem Pkw nehmen, stellt sich später heraus, dass der Täter die Blutgruppe A oder AB haben muss.

Im Folgenden startet eine der größten Ermittlungsaktionen der britischen Polizei, die sich auf insgesamt drei Jahre ausdehnen wird. In den ersten 12 Monaten werden rund 30.000 Menschen befragt, 2.500 Aussagen aufgenommen und 500 Menschen überprüft, die in der Nacht in der Nähe des „Tom Tackle“ gewesen sind. Rund 300 Personen werden als verdächtig eingestuft.

Interessanterweise erhält die Polizei auch mehrere anonyme Nachrichten. Noch im Dezember gehen zwei Briefe ein, mit Poststempel vom 12. und 27. Dezember aus Southampton. Über den Inhalt werden die Ermittler lange schweigen, erst im Gerichtsverfahren geben sie an, dass der Verfasser Hinweise auf den Aufenthaltsort des Täters gegeben hätte – allesamt falsch. Die Sache wird daher als alberner Scherz abgetan.

Neun Monate später erhält die Polizei von Southampton zwei anonyme Anrufe. Der Anrufer bezichtigt sich selbst des Mordes an Teresa De Simone! Er wirkt ungewöhnlich angespannt und hinterlässt den Eindruck, dass er Hilfe und Rat benötigt. Dennoch geht die Polizei auch diesen Hinweisen nicht weiter nach.

Zur gleichen Zeit befindet sich auch Sean Hodgson aus Tow Law im County Durham wegen eines anderen Vergehens in Haft. Hodgson stammt aus einer Großfamilie, muss mit 11 Jahren in ein Heim. Zu der Zeit heißt er noch Robert Graham, doch seinen Namen ändert er schließlich in Sean Hodgson, vielleicht um sich von der Familie abzugrenzen, die nicht verhindert hat, dass er ins Heim musste. Er fällt früh wegen kleinerer Vergehen auf – meist ging es dabei um Unehrlichkeit und Täuschung, dabei scheint er eine Schwäche für Kraftfahrzeuge zu haben.

Gewaltverbrechen befinden sich jedoch nicht auf dieser Liste. Gleichwohl ist Hodgson bereits zu diesem Zeitpunkt eine Person mit psychischen Auffälligkeiten und Problemen. Er neigt auch zu selbstverletzendem Verhalten. 1978 ist er sogar in einer Klinik, weil er mehrfach Probleme mit der Überdosierung von Medikamenten hat. Bei ihm wird eine schwere Persönlichkeitsstörung diagnostiziert und festgestellt, dass er ein „zwanghafter Lügner" ist. Anscheinend wird er getrieben von einer extrem starken Geltungssucht und dem Drang im Mittelpunkt zu stehen.

Am 6. Dezember 1979 verhaftet ihn die Polizei Southampton wegen Fahrzeugdiebstahls – erst zwei Tage, nachdem er in der Stadt angekommen ist. Am folgenden Tag gibt er der Polizei einen Hinweis zu einem Verdächtigen im Fall De Simone – eine Lüge. Am 9. Dezember wird er angeklagt und kommt in Haft. Währenddessen wird ihn die Polizei auch mehrfach wegen des Mordes von Teresa befragen. Da er jedoch Blutgruppe 0 hat, wird er wieder aus der Liste der Verdächtigen gestrichen.

In der nächsten Zeit kommt er immer wieder mit dem Gesetz in Konflikt und muss auch in Haft. Er bekennt sich mehrerer kleinerer Taten für schuldig, bei denen sich aber herausstellt, dass er sie nicht begangen haben kann, u.a. weil er zu der Zeit in Untersuchungshaft saß.

Am 11. Dezember 1980 geschieht dann aber etwas, das ein landesweites Medienecho auslösen und die Ermittler fassungslos machen wird. Zu diesem Zeitpunkt läuft die fieberhafte Suche nach dem Mörder von Teresa bereits seit mehr als einem Jahr – und das ergebnislos. Die Polizei steht daher unter einem enormen öffentlichen Druck; die Bevölkerung kann nicht verstehen, wieso noch immer kein Schuldiger in diesem üblen Mordfall dingfest gemacht werden konnte. Ist die Polizei untätig oder nicht willens, sie vor solchen Menschen zu schützen? An diesem kalten Dezembermorgen bittet Hodgson darum einen Priester sehen zu dürfen. Dem beichtet er, dass er unter Alpträumen leide, darin sehe er das Gesicht einer Frau, die er im letzten Jahr in Southampton umgebracht habe. Und er setzt hinzu, dass es ihn besonders belaste, weil gerade erst der Jahrestag des Mordes gewesen sei.

Dies wiederholt Sean Hodgson am nächsten Tag einem Gefängniswärter gegenüber und verfasst sogar ein schriftliches Geständnis! In den nächsten zwei Wochen wird Hodgson noch weitere Geständnisse machen und den Ermittlern der Polizei in Southampton vor Ort auch zeigen, wo er Gegenstände aus dem Besitz von Teresa De Simone deponiert hat. Und angeblich kennt er geheime Details, die nur der Mörder wissen kann. Bedauerlicherweise wurden keine Tonaufnahmen von den Befragungen gemacht und auch die Papierunterlagen konnten bis 2009 nicht wiedergefunden werden.

Am 25. und am 27. Dezember bekennt sich der Häftling noch zu zwei weiteren Morden, die jedoch nachweislich niemals geschehen sind.

Nach einer 15 Tage dauernden Gerichtsverhandlung vor dem Winchester Crown Court und einer abschließenden knapp vier Stunden langen Beratung wird Sean Hodgson am 5. Februar 1982 schließlich für den Mord an De Simone schuldig gesprochen.

Rekonstruiert wird der Tathergang wie folgt: Der Angeklagte soll in betrunkenem Zustand das Fahrzeug von De Simone aufgebrochen haben, um es zu stehlen. Dabei schlief er auf dem Rücksitz ein. Als die junge Frau zurückkehrte, stellte sie ihre Handtasche auf den Rücksitz und weckte damit Hodgson. Der packte und würgte sie, um die Tote dann noch zu vergewaltigen. Dann sei er mit einigen Habseligkeiten der Toten geflüchtet.

Der Angeklagte zieht es während des Prozesses vor, keine Aussagen zu machen und sich keinem Kreuzverhör zu stellen. Sein Verteidiger ist bemüht, das Gericht immer wieder auf die spezielle Persönlichkeitsstörung hinzuweisen, die zweifelhaft macht, ob sein Geständnis wirklich verwertet werden kann. Immerhin hat sein Mandant rund 200 Verbrechen gestanden, an denen er nicht beteiligt sein kann. Darunter sogar vermeintliche Morde, die gar nicht passiert sind. Dennoch hat der vorsitzende Richter Sheldon keinerlei Zweifel an der Schuld des Angeklagten, wie er betont.

Was während des Prozesses ebenfalls nicht zur Sprache kommt ist die Tatsache, dass außer Hodgson und dem unbekannten Anrufer noch fünf weitere Personen den Mord gestanden haben.

Und am 17. September 1983 wird ein gewisser David Lace der Polizei noch einmal den Mord gestehen. In seiner Aussage heißt es, dass er am 4. Dezember von Portsmouth aus nach Southampton kam, weil er dort in einem Pflegeheim, wo er lebte, einen Rucksack und Bargeld gestohlen habe. Lace habe sich auf der Rückseite des „Tom Tackle“ befunden, als Savage ihre Freundin auf dem Parkplatz absetzte. Als Teresa dann im Auto saß, habe der junge Mann an die Scheibe des Autos geklopft und erst nach der Zeit gefragt, um daraufhin in das Auto einzudringen. Dann habe er sich auf den Fahrersitz neben De Simone gesetzt und die Türen verriegelt. Im Anschluss sei es zu der Vergewaltigung gekommen, nach der Lace die Frau mit dem Beifahrer-Sicherheitsgurt stranguliert habe. Rund 10 Minuten habe er sich noch versteckt, um dann zum Hauptbahnhof zu laufen und mit dem Zug nach Portsmouth zurückzufahren.

Weil Lace' Angaben zum Pkw und der Kleidung des Opfers nicht stimmen und zudem der weggeworfene Schmuck nicht am angegebenen Ort gefunden wird, legt die Polizei die Aussage einfach zu den Akten. Die Verteidigung von Hodgson wird zu keinem Zeitpunkt über das Geständnis informiert.

Erst 26 Jahre später, im Jahr 2008, taucht neues Beweismaterial auf, das den Fall in einem völlig anderen Licht erscheinen lassen wird und dazu führt, dass man sich erneut mit dem Mord an Teresa De Simone beschäftigt.

Seit seinem Schuldspruch 1982 wird Sean Hodgson nicht müde, seine Unschuld in diesem Fall zu beteuern. 1998 verläuft eine Untersuchung im Sande, weil er ernsthaft erkrankt. Sein Gesuch um vorzeitige Haftentlassung nach 16 Jahren scheitert ebenfalls, vermutlich weil Hodgson immer wieder auf seine Unschuld hinweist und sich somit „uneinsichtig" zeigt. Im Jahr 2008 nutzt er noch einmal eine Chance und reagiert auf eine Anzeige in der Zeitschrift „Inside Time" von Anwälten, die sich auf Berufungsverfahren spezialisiert haben. Und er hat tatsächlich Glück! Sein Fall wird übernommen und endlich kommt Bewegung in die Angelegenheit.
Nach rund vier Monaten kann sein Rechtsbeistand die Proben vom Tatort aufspüren, die angeblich 10 Jahre zuvor vernichtet worden sein sollen. Rag Chand, der freiwillig und ohne Bezahlung als Anwalt für Sean tätig ist, puzzelt mühsam die Tatdetails aus Zeitungsausschnitten zusammen, denn auch die Papierunterlagen sind verschwunden. Im Rahmen dieser Detektivarbeit stößt er auf ein offenbar vergessenes Polizeiarchiv in den Midlands in einem Industriekomplex, in dem sich die Proben anfinden. Am 30. Januar 2009 dann die erlösende Nachricht: Die DNA-Analyse beweist, dass der gefundene Samen nicht von Hodgson stammt!

Nach ganzen 27 Jahren, die Sean Hodgson unschuldig im Gefängnis verbracht hat, kommt er als gebrechlicher, vor der Zeit gealterter Mann endlich wieder auf freien Fuß! Eine Sensation. Als er vor die Tür des Gerichtsgebäudes tritt, starrt er unvermittelt in ein Blitzlichtgewitter, hört das ohrenbetäubende Klicken der Kameras und Stimmengewirr, denn die auf ihn wartenden Journalisten drängeln sich darum, von ihm einen Kommentar zu erhalten. Auch sein Bruder wartet auf ihn, eilt heran und umarmt Sean. Lange Zeit lässt er ihn nicht los, während die Freudentränen über sein Gesicht laufen. Ein bewegender Moment, der von den Journalisten aus dem ganzen Land mit ihren Kameras eingefangen wird. Der von den Jahren im Gefängnis gezeichnete Sean braucht einen Moment, ehe er die Umarmung erwidert. Das Medieninteresse verwirrt ihn – ebenso die neugewonnene Freiheit nach mehr als einem Vierteljahrhundert hinter Gittern. Der Mann, dessen Unschuld endlich erwiesen werden konnte, wirkt zittrig, erschöpft und gebrechlich. Wie ein Schatten neben seinem Bruder. Es ist Hodgson anzusehen, wie sehr ihm die Jahre im Gefängnis zugesetzt haben. Ein Drama ist die Freilassung dagegen für die Eltern von Teresa, denn diesen wird nach 30 Jahren die Gewissheit genommen, dass ihrer Tochter Gerechtigkeit widerfahren ist.

Im März 2009 werden die Ermittlungen im Mordfall Teresa De Simone vom Hampshire's Serious Crime Review Team neu aufgenommen. Ein DNA-Abgleich mit der nationalen

Datenbank ergibt Erstaunliches: Offensichtlich ist ein Geschwisterkind des Täters gelistet! So lässt sich schnell ein möglicher Verdächtiger eingrenzen. Da dieser unglücklicherweise bereits tot ist, wird sicherheitshalber ein anderes Geschwisterkind von ihm ebenfalls getestet. Ein Verfahren, das zum Zeitpunkt der ersten Gerichtsverhandlung noch nicht möglich war. Und: Volltreffer! Der wirkliche Täter ist identifiziert. Es ist: David Lace.

Zur weiteren Abklärung wird die Leiche von Lace, der sich bereits 1983 selbst des Mordes an Teresa De Simone bezichtigt hatte, im August 2009 auf dem Kingston Cemetery in Portsmouth exhumiert. Er hatte sich im Dezember 1988 mit 26 Jahren an seinem Wohnort Brixham, Devon selbst getötet. Der Grund: Er war nicht imstande noch länger mit seiner Schuld zu leben.

David Andrew Lace (oder auch David Andrew Williams) wird 1962 in Portsmouth geboren und verbringt seine Jugend in Kinderheimen und Wohngruppen. Er gilt als aggressiver Einzelgänger und kommt bereits mit 15 das erste Mal mit dem Gesetz in Konflikt. Von diesem Zeitpunkt an werden die Vergehen nicht abreißen, vorwiegend handelt es sich um Einbruchdiebstähle. Den Mord an Teresa begeht er, als er gerade einmal 17 Jahre alt ist. Wiederholt wendet er sich mit Geständnissen an die Polizei, doch die glaubt ihm nicht. Im Dezember 1988 hält er die nagenden Schuldgefühle nicht mehr länger aus, verschenkt seinen gesamten Besitz und kündigt den

Job. Am 9. Dezember wird er tot aufgefunden – er hat sich selbst erstickt mit einer Plastiktüte auf dem Kopf.

Für Sean Hodgson waren die 27 Jahre im Gefängnis extrem belastend. Er hat enorme Probleme ein Leben in Freiheit zu führen und kommt im Dezember 2010 bereits wieder in Konflikt mit dem Gesetz. Am 27. Oktober 2012 stirbt der inzwischen 61-Jährige an einem Lungenemphysem.

Die Hampshire Polizei wird die fehlerhaften Ermittlungen, die zu seiner Verurteilung führten, nicht erneut aufrollen.

Durch diesen Fall kam es dazu, dass bei sämtlichen Vergewaltigungsfällen aus der Zeit vor 1990 ein DNA-Abgleich durchgeführt wurde. So konnten in 240 Fällen die Schuldigen nachträglich dingfest gemacht werden.

Kapitel 20:

Schulschwänzer

„Das pure Böse. Ich werde meine Meinung dazu niemals ändern.“ Der Ermittler der Liverpooler Polizei ist auch zwanzig Jahre nach dem Fall entschieden, was seine Einschätzung angeht. „Ich habe an dem Tag in das Gesicht des Bösen geschaut“, fährt er fort. Und obwohl die Tat gut zwanzig Jahre zurückliegt, als er interviewt wird, ist ihm noch immer das Grauen anzumerken, das er empfindet, wenn er an die Tage im Februar 1993 zurückdenken muss. Vor allem ein Gesicht wird er bis an sein Lebensende nie vergessen.

Der 12. Februar 1993 ist der Tag, der sich für Denise Fergus aus dem kleinen Ort Kirkby in der Nähe Liverpools zum tragischsten ihres gesamten Lebens entwickeln wird. Heute steht wieder einmal der Einkauf an; Denise plant in das große Einkaufszentrum in Merseyside, nördlich von Liverpool, zu fahren, denn dort bekommt sie alles Nötige. Auch ein Besuch beim Metzger ist vorgesehen. Die Mutter ist sich unschlüssig, ob es eine gute Idee ist, ihren zweijährigen Sohn James mitzunehmen. Ein Einkauf mit dem fröhlichen, lebhaften Kleinkind, das gerade dabei ist die Welt zu entdecken, ist in der Regel ziemlich stressig. Vor allem wenn er einen Wutanfall bekommt und man gerade mit Einkaufstaschen vollbepackt ist.

Aus diesem Grund fragt Denise noch ihren Mann Ralph Bulger, ob er an diesem Nachmittag auf den gemeinsamen Sohn aufpassen kann. Doch der hat bereits versprochen, an diesem Tag seinem Bruder zu helfen neue Möbel aufzubauen. Also nimmt Denise ihren Jungen mit. James‘ Wortschatz ist noch begrenzt, aber Ralph und er haben ein gemeinsames Verabschiedungswort: „Ta-Ra!“ Das ruft er seinem Sohn zu, als er das Haus verlässt.

James ist ein Kind, das es liebt andere Menschen zum Lachen zu bringen. Dann ist auch er glücklich und strahlt über das ganze, rundliche Gesicht. Die Augen kneift er dabei zu kleinen Schlitzen zusammen, die frech unter den dunkelblonden, zerzausten Haarsträhnen hervorlugen. Der kleine Junge ist musikbegeistert und liebt es zu den Hits von Michael Jackson zu tanzen.

Denise macht sich also mit James auf den Weg in das Bootle-Strand-Einkaufszentrum in Merseyside. Zunächst bummeln die beiden ein bisschen herum, dabei zieht das aufgeregte Kind seine Mutter an der Hand hierhin und dorthin;

doch dann erledigt Denise schließlich ihre Einkäufe. Die Aufregung um ein Kleinkind, das in Begleitung von zwei Jungs die Shopping Mall verlässt, hat sie nicht mitbekommen. Dabei läuft dessen Mutter aufgeregt durch das Einkaufszentrum hinterher und ruft nach dem Kind. Vor der Tür kann sie es schließlich glücklicherweise zurückrufen. Die beiden Jungs jedoch sind bereits wieder verschwunden.

Niemand ahnt zu diesem Zeitpunkt, dass sie aber schon wieder auf der Lauer liegen; denn an diesem Nachmittag haben sie sich ein ganz besonders ausgefallenes Spiel überlegt.

Währenddessen betritt Denise Fergus gemeinsam mit ihrem zweijährigen Sohn die Schlachterei. Sie will hier Koteletts kaufen. Ihr Sohn zappelt ein wenig an ihrer Hand herum, deshalb lässt sie ihn kurz los, als sie den Einkauf an der Kasse bezahlt. Die Mutter sucht kurz nach passendem Geld und lässt sich das Fleisch dann anreichen. Lediglich diesen kurzen Moment hat sie ihren Sohn nicht im Blick – aber er reicht aus, die verheerenden Ereignisse der folgenden Stunden in Gang zu setzen. James läuft nach draußen vor das Geschäft …

Jon Venables und Robert Thompson sind 1993 beide gerade erst 10 Jahre alt, aber sie haben bereits ihren eigenen Kopf. Deshalb haben sie an diesem Tag entschieden, wieder einmal die Schule zu schwänzen und stattdessen in das Einkaufszentrum zu gehen. Sie machen sich einen schönen Tag – oder zumindest das, was die beiden darunter verstehen. Sie gehen zunächst auf Klautour und „organisieren“ sich unter anderem ein paar Süßigkeiten. Bei ihnen zu Hause gibt es so etwas nur sehr selten. Außerdem stehlen sie noch blaue Modellfarbe.

Die Jungs haben einen schlechten Start ins Leben und wachsen alles andere als behütet auf. Die Familien leben in einer der heruntergekommensten Gegenden Englands, was sich auch in den Familienverhältnissen widerspiegelt. Roberts Vater hat die Familie bereits vor fünf Jahren verlassen, seine Mutter ist am Leben gescheitert, trinkt stark und leidet an Depressionen. Sie hat enorme Probleme die Familie zusammenzuhalten und ist mit der Betreuung ihrer Kinder völlig überfordert. Diese nutzen offenbar das Vakuum und es regiert nur noch das Recht des Stärkeren. Sie „bissen, schlugen und quälten sich gegenseitig“, heißt es später in einem Fürsorge-Bericht. Ein Junge ist untröstlich, als er nach einem Kinderheimaufenthalt wieder in die Familie zurück soll und unternimmt einen Selbstmordversuch. Ein Mädchen und auch Robert haben ebenfalls bereits einen Suizidversuch hinter sich.

Die Familie von Jon Venables ist zwar deutlich weniger zerrüttet, aber auch hier ist man von normalen Verhältnissen weit entfernt. Die Eltern sind ebenfalls getrennt, die Mutter leidet unter Depressionen und denkt immer wieder an Selbstmord. Jons älterer Bruder und seine jüngeren Schwestern haben starke Lernbehinderungen, sodass sie eine Sonderschule besuchen. Er selbst ist hyperaktiv und hat in der Schule beinahe schon einen anderen Jungen erwürgt, als er mit diesem gerangelt hat.

Dass die erste Entführung eines Kleinkindes an diesem Nachmittag nicht funktioniert hat, beeindruckt die beiden Zehnjährigen nicht. Dieses Spiel verspricht jedenfalls deutlich mehr Nervenkitzel, als die üblichen Klautouren. Deshalb halten sie weiter Ausschau nach einem potenziellen Opfer. Ob Jon und Robert zu diesem Zeitpunkt bereits einen konkreten Plan haben, was sie dann mit dem Kind anfangen wollen, ist unklar.

Gegen 15:35 Uhr entdecken sie den zweijährigen James Bulger, der aufgeregt aus der Metzgerei des Einkaufszentrums herausgelaufen kommt. Eltern scheinen weit und breit nicht in Sicht. Genau das ist der Moment auf den Jon und Robert gewartet haben. Sie laufen los und sprechen James an. Dann nehmen sie den Jungen bei der Hand, der bereitwillig mit ihnen in Richtung Ausgang geht.

Kurze Zeit später rennt Denise Fergus aus dem Laden und blickt sich suchend um: Wo ist ihr Junge? Als sie ihn nicht direkt entdecken kann, gerät sie in Panik und läuft los, um ihn zu suchen. Sie geht links herum. Eine Entscheidung, die sie ihr Leben lang bereuen wird. Denn die drei Jungs sind rechts abgebogen.

Später wird man ihr die Aufnahmen einer Überwachungskamera zeigen, auf denen die drei Kinder zu sehen sind. Die Uhrzeit ist 15:42 Uhr und alles wirkt harmonisch. „Ich war erleichtert zu sehen, dass James mit zwei anderen

Kindern mitgegangen war. Ich dachte, sie würden mit ihm Süßigkeiten essen und ihn wie einen kleinen Bruder behandeln", beschreibt Fergus ihre Empfindungen bei den Bildern später. Doch ihr Sohn bleibt vorerst verschwunden.

Tatsächlich haben Robert und Jon mit dem Kleinkind inzwischen das Einkaufszentrum verlassen und spazieren in Richtung des nahen Kanals. Nach etwa einem Kilometer haben sie ihn erreicht, hier wollen die beiden Entführer ihren Plan in die Tat umsetzen: Sie wollen den kleinen James ins Wasser werfen und ihn ertrinken lassen. Sie locken ihn immer wieder, sich doch einmal sein eigenes Spiegelbild im Wasser anzusehen. Doch James weigert sich. Er ist zwar noch sehr klein, aber er kennt Wasser. Und er hat Angst, sich so weit über die Kante hinauszulehnen.

Die Weigerung des Jungen verärgert Robert und Jon. Sie schubsen ihn vor lauter Zorn zu Boden, so heftig, dass der sich am Kopf und auch im Gesicht verletzt, als er auf den hartgefrorenen Boden aufschlägt. Sie sind extrem frustriert, dass ihr Plan nicht aufgeht. Das muss der Moment gewesen sein, als die komplette Situation eskaliert und Jon und Robert sich etwas Neues ausdenken. Etwas, das noch viel schlimmer wird. Einer der beiden tritt James in die Rippen, damit das Kind aufsteht, wie ein Zeuge später angibt. Nun machen sie sich auf zu den Bahngleisen.

Auf der rund vier Kilometer langen Strecke zu den Gleisen begegnen die drei Jungs insgesamt 38 Menschen –

doch niemand begreift, was hier in Wahrheit vorgeht. Niemand beendet die Entführung. Und das, obwohl der zweijährige James immer wieder verzweifelt nach seiner Mama ruft und die Verletzungen am Kopf deutlich zu sehen sind. Auch ist sein Sprachschatz viel zu gering um tatsächlich in Worte zu fassen, was ihm gerade widerfährt. Weil er manchmal einen glücklichen Eindruck macht und lacht, hält man es vermutlich für Streitereien unter Brüdern. Zumal Jon und Robert durchaus von Passanten angehalten werden, denen sie aber erzählen, dass sie sich um ihren kleinen Bruder kümmern müssen. Und: die Verletzungen würden von einem Sturz kommen. Deshalb lässt man die drei wiederholt weiterziehen.

Schließlich erreichen sie die Bahnstrecke in der Nähe der Stadt Walton. Hier setzen Jon und Robert nun ihr eigentliches Vorhaben in die Tat um. Ein Vorhaben, das so unendlich grausam ist, dass es als der schrecklichste Kriminalfall in die britische Geschichte eingehen wird. Denn die beiden zehn Jahre alten Jungen foltern den kleinen James hier zu Tode.

Zuerst schmieren sie dem Kleinkind die blaue Modellfarbe ins Gesicht, wobei sie sich auch selbst beschmutzen. Dann nehmen sie, was gerade an diesem Ort herumliegt, um damit auf ihn einzuschlagen, mit aller Kraft derer sie fähig sind. Neben Ziegelsteinen ist dies auch eine zehn Kilo schwere, rostige Eisenstange. Immer wieder fährt diese auf den kleinen Kopf nieder. Als James am Boden liegt, treten die beiden älteren Jungs weiterhin auf ihn ein. Sie erwischen ihn am Kopf und im Gesicht. Mehrere Kopfverletzungen sind so heftig, dass jede für sich tödlich gewesen sein könnte. Insgesamt zehn unterschiedliche Schädelfrakturen sind zu verzeichnen. Zwischendrin ziehen sie James auch Schuhe, Hose und Unterhose aus, sodass er untenrum komplett nackt ist. Auch im Intimbereich fügen sie ihm Verletzungen zu. Am Ende weist die Leiche des Kindes ganze 42 Verletzungen auf, alle wurden ihm zugefügt, als es noch am Leben war. Die ganze Tortur, in der die beiden vermutlich ihre gesamte Aggression und ihren kompletten Frust herauslassen, dauert über eine Stunde, wie die Gerichtsmedizin später angibt. Geschätzt wird der Zeitraum von 17:30 Uhr bis 18:45 Uhr.

Als das Leben schließlich aus James‘ Körper gewichen ist, überkommt Jon und Robert wahrscheinlich eine Art Ahnung von wirrem Unrechtsbewusstsein. Denn nun setzen sie alles daran, den Tod des Kindes als Unfall zu inszenieren. Sie legen die Leiche quer auf die Bahngleise und bedecken den Kopf mit Steinen. Wenige Minuten später rauscht tatsächlich ein Güterzug heran. Der Lokführer bemerkt das Hindernis auf den Schienen offenbar nicht und überrollt den kleinen geschändeten Körper. Dabei wird James zerteilt und der nackte Unterkörper meterweit mitgeschleift.

Im Anschluss daran gehen Jon und Robert nach Hause – so als wäre nie etwas geschehen.

Es dauert noch weitere zwei Tage, ehe die Leiche des kleinen Jungen schließlich entdeckt wird. Normalerweise ist der

Valentinstag ein fröhlicher Tag, an dem man Zeit mit seinen Lieben verbringt. Doch 1993 wird er überschattet von James‘ Tod. Und auch für die Polizeibeamten ist es ein schwerer Gang, als sie seine Eltern von den Geschehnissen in Kenntnis setzen müssen. Zumal sie bereits ahnen, dass es sich nicht um ein „normales“ Verbrechen handelt.

Die Anteilnahme der Öffentlichkeit ist schon zu diesem Zeitpunkt enorm, aber sie wird sich noch deutlich steigern und eine heftige Diskussion weltweit auslösen.

Als James Bulger am 1. März, 15 Tage vor seinem dritten Geburtstag, beerdigt wird, werden binnen weniger Tage in der regionalen Zeitung 1.086 Todesanzeigen und Beileidsbekundungen veröffentlicht. An der Fundstelle seiner Leiche am Bahndamm legen Hunderttausende Blumensträuße nieder – darunter auch Robert, einer seiner Mörder.

Dank der Aufnahmen der Überwachungskamera im Einkaufszentrum, kommt man den Entführern von James schnell auf die Spur. Es dauert nur ein paar Tage, bis Jon und Robert schließlich gefasst werden. Da an ihrer Kleidung noch die blaue Modellfarbe klebt, die sich auch an James‘ Leiche befindet, zieht sich die Schlinge um die minderjährigen Täter zu. Außerdem entdecken die Polizisten an den Schuhen der Jungen Blut; bei einem DNA-Test stellt sich schließlich heraus, dass es sich eindeutig um das von James handelt. Bei den Befragungen der beiden, in denen sie sich gegenseitig beschuldigen, der eigentliche Täter zu sein, werden Fotos gemacht, die später auch veröffentlicht werden. Für viele Menschen ist es ein Schock, in die Gesichter von zwei ängstlichen Kindern zu sehen, die offenbar für den Mord an dem kleinen James verantwortlich sind.

In der Folge wird es zu heftigen öffentlichen Debatten darüber kommen, ob womöglich Horrorfilme ursächlich für die Taten der beiden Jungen waren. Zu dieser Zeit wird ohnehin schon über immer explizitere Gewaltdarstellungen in Filmen diskutiert und die Tatsache, dass der Vater einer der Jungen u.a. den Film „Chucky 3“ in seinem Regal stehen hat, wird direkt als Indiz gewertet. In dem Film, der eine Freigabe erst ab 18 Jahren erhielt, wird ein Kind bzw. eine Puppe in Kindergröße zerstückelt. Doch vielfach wird entgegengehalten, dass so etwas noch lange nicht zu einer solchen Tat motiviert.

In der Presse wird der grausame Mord als das „schrecklichste Verbrechen des Vereinigten Königreichs“ bezeichnet. Schrecklich, weil niemand verstehen kann, wie zwei Kinder so eine monströse Tat vollbringen können.

In der öffentlichen Diskussion streiten sich Experten, Moderatoren, Laien und Politiker. Einige machen den sozialen Hintergrund und die elterliche Vernachlässigung der Jungen für die „Entmenschlichung“ der Kinder verantwortlich, andere werten solche Aussagen als Klassenhass. Einige sehen in dem zehnjährigen Thompson das „Mastermind“ und das „wahre Böse“, wohingegen Venables nur ein weniger intelligenter Mitläufer sei. Wieder andere sagen, die Fokussierung auf die

Frage „Mensch oder Monster“ greife zu kurz. Die Mütter der beiden Täter werden von der Öffentlichkeit hart angegangen, nicht nur verbal. Die Eltern der Jungen werden mehrfach tätlich angegriffen.

Am 7. November 1993 beginnt schließlich die Hauptverhandlung vor dem Preston Crown Court in Liverpool. Die extrem aufgeheizte öffentliche Stimmung wird diesen Prozess von Anfang bis Ende beeinflussen. Obwohl man sich im Vorfeld eigentlich dazu verständigt hatte, die Anonymität der beiden kindlichen Angeklagten zu wahren und diese nur als Kind A und Kind B zu bezeichnen, kippt dies binnen kürzester Zeit und die Namen werden publik. Des Weiteren werden sie zusammen mit ihren Sozialarbeitern auf eigens angefertigten, erhöhten Stühlen platziert, da sie sonst nicht über die Bänke schauen könnten. Dies wiederum ermöglicht den Medienvertretern aber auch einen exzellenten Blick auf die beiden, was dazu führt, dass jede ihrer Regungen und ihr gesamtes Benehmen kommentiert werden.

Darüber hinaus entscheidet sich das Gericht, den Prozess wie eine Gerichtsverhandlung für Erwachsene zu führen – und nicht, als würde über Kinder entschieden werden. Die Richter und Staatsbeamte erscheinen also im vollen, einschüchternden Ornat. Die Eltern dürfen nicht bei ihren Jungen sitzen. Schon diese Szenerie zeigt, dass hier die gesamte Wucht der Staatsmacht präsentiert werden soll – auf eine gewisse Art und Weise handelt es sich um einen

„Schauprozess". Unter welchen Druck die Kinder stehen, zeigt beispielsweise auch die Tatsache, dass Robert Thompson in der Verwahrung stark zugenommen hat.

Insgesamt 17 Tage dauert die Gerichtsverhandlung, in der nicht einmal eine halbe Stunde lang der geistige Zustand von Jon und Robert Thema sein wird. Beweise zu ihrer Entlastung können die beiden keine beibringen und so werden sie am 24.11.1993 schuldig gesprochen. Sie werden zu einer lebenslangen Strafe verurteilt, die sie in einer Jugendstrafanstalt verbringen sollen. Als Mindestzeitraum werden 8 Jahre festgelegt. Damit sind Venables und Thompson die jüngsten jemals verurteilten Mörder in der englischen Geschichte.

Unter dem Druck einer von 300.000 Menschen unterzeichneten Petition mischt sich sogar die Politik ein. Der damalige Innenminister, Michael Howard, fordert persönlich eine Heraufsetzung der Strafe auf 15 Jahre, dies wird vier Jahre später aber vom House of Lords revidiert. Im Oktober 2000 wird aufgrund der guten Führung das Strafmaß von acht Jahren wiederhergestellt.

Ein Jahr später, mit Erreichen ihres 18. Geburtstags, werden Venables und Thompson entlassen und erhalten eine neue Identität. Während Thompson sich seither nichts mehr hat zuschulden kommen lassen und nun mit einem Mann zusammenleben soll, geriet Venables noch mehrmals mit dem Gesetz in Konflikt: wegen einem Kampf in betrunkenem Zustand, wegen Drogenbesitzes sowie zweimal wegen

Kinderpornografie. Dadurch landete er zuletzt 2017 wieder im Gefängnis. Vor Gericht stellte sich heraus, dass er 1.170 pornographische Kinderbilder besaß, zum Teil mit extremsten Darstellungen, sowie eine Anleitung für „sicheren Kindersex", die auch zu schlimmen Misshandlungen ermutigt.

Für die Mutter des kleinen James, Denise Fergus, vergeht seit dem 12. Februar 1993 kein Tag, an dem sie sich nicht fragt: „Könnte James noch leben, wenn ich ihn nicht losgelassen hätte?" Sie macht sich immer noch Vorwürfe, denn ausgerechnet am Todestag ihres Kindes hatte sie vergessen, den Buggy mitzunehmen, den sie sonst immer dabei hatte, wenn sie mit James unterwegs war. Hätte er im Buggy gesessen, hätte er nicht aus dem Metzgerladen hinauslaufen können ... Zum 25. Todestag ihres Sohnes James hat Denise Fergus ein ergreifendes Buch veröffentlicht mit dem Titel „Let him go". Es ist der Versuch einer verzweifelten Mutter, die bis heute unter Panikattacken leidet und schwer traumatisiert ist, den Sohn vor dem Vergessen werden zu bewahren und die Erlebnisse zu verarbeiten, was Fergus bislang nicht gelungen ist. Bis zum heutigen Tag hat ihr die Polizei noch nicht genau gesagt, was die beiden älteren Jungen ihrem Sohn angetan haben. „Ich weiß nur so viel, wie mein Herz verkraftet."

Schlusswort des Autors

Liebe Leserin, lieber Leser,

Ich hoffe, die vorgestellten Kurzgeschichten haben Sie so sehr bewegt, wie sie mich beim Schreiben berührt haben. Lassen Sie uns alle mit aufmerksamen Augen für die Nöte anderer durch die Welt gehen und somit hoffentlich vielen weiteren Tragödien vorbeugen.

Hat Ihnen das Buch gefallen? Wenn ja, darf ich Sie zum Abschluss noch um einen Gefallen bitten? Autoren, vor allem unabhängige, brauchen Bewertungen, denn sonst sind sie auf dem unfassbar großen digitalen Marktplatz nicht aufzufinden. Seitdem ich als Schriftsteller erleben darf, wie wichtig Bewertungen in unserem digitalen Zeitalter sind und Meinungen gegensätzlicher nicht sein können, bitte ich ganz offen darum. So auch jetzt. Rezensionen entscheiden über Erfolg oder Misserfolg eines Buches. Sie entscheiden darüber, ob ein Buch gefunden und gelesen wird. Dabei führt bereits der Schritt von keiner Rezension auf eine, zu einer signifikant erhöhten Sichtbarkeit auf Marktplätzen wie Amazon. Sie kurbeln dadurch nicht nur den Verkauf an, sondern machen vor allem auch andere Leser auf dieses Buch aufmerksam.

Mein Traum ist es, allen Ländern der Welt ein Buch zu widmen und darin die spektakulärsten True Crime-Fälle für Sie zusammen zu tragen. Mit nur 5 Minuten Ihrer Zeit und einer positiven Rezension bringen Sie mich der Verwirklichung dieses Traums ein bedeutendes Stück weiter.

Am Ende danke ich noch Dr. Stefanie Gräf für die großartige Zusammenarbeit – bei Fragen zu den psychologischen Hintergründen, die Hilfe bei der Recherche und der engen Zusammenarbeit beim Verfassen der Fälle. Mein Dank gilt auch meiner Frau Selina Langenscheid, Luise Esau und Hannah Thier, die mit kritischem Blick das Buch lektoriert und bereichert haben.

Für Kritik, Ideen, Rückmeldungen und Inspirationen bin ich unter AdrianLangenscheid(at)mail.de zu erreichen.

Ihr Adrian Langenscheid

Folgen Sie mir auf:

Instagram: @truecrimedeutschland

TRUE
CRIMEDEU
TSCHLAND

Facebook:

https://www.facebook.com/True-Crime-Deutschland-Adrian-Langenscheid

Empfehlungen:

Im True Crime Podcast „Wahre Verbrechen“ erzählt Alexander Apeitos alles, was die Kriminalgeschichte hergibt, von „mysteriös“ bis „unglaublich“. In jeder Folge widmet er sich neuen, faszinierenden Fällen und nimmt seine Hörerschaft somit auf eine kriminelle Zeitreise mit. Obwohl Alex weder Journalist noch Detektiv oder Forensiker ist, spürt man ihm seine Leidenschaft und das Interesse für echte Kriminalfälle an. Irgendwie kann er nicht die Finger von wahren Verbrechen lassen. Eine wachsende Zahl an begeisterten Zuhörern folgt ihm dabei. Reinhören lohnt sich!

Der Podcast für True-Crime-Liebhaber und Hundefreunde. Katzen- und Fischfreunde sind natürlich auch herzlich willkommen.

Das Projekt "Puppies and Crime" hatte seine Anfänge im Spätsommer 2019, als Amanda und Marieke langsam der Nachschub an neuen True-Crime-Podcast Folgen ausging. Warum also nicht selbst für Nachschub sorgen? Dass Hund Olaf mit von der Partie sein würde, war selbstverständlich, so kam das Puppy zum Crime.

Schließlich war es im Dezember 2019 endlich soweit: die 1. Folge Puppies and Crime, in der Amanda von einem amerikanischen Tinderkiller mit Vampirfantasien und einem Hexenkult berichtet, ging online.

Seitdem berichten die Mädels jede Woche von einem spannenden wahren Verbrechen, mal von einem wahren True Crime-Klassiker aus Hannover, einem berühmten Täter oder von den gruseligen Hintergründen bekannter Filme.

Damit niemand mit einem flauen Gefühl im Magen aus der Folge geht, gibt es zur Abrundung noch den Puppybreak, der im Anschluss an jeden Fall kurz einen lustigen Fakt aus der Welt unserer tierischen Freunde präsentiert.

Wenn euch also auch das True Crime-Fieber gepackt hat und ihr Lust auf einen Podcast habt, der sowohl Amanda, Marieke als auch Hund Olaf einen Mordsspaß macht, dann hört gerne rein.

DARF'S EIN BISSERL MORD SEIN?

Österreichs erster unabhängiger True Crime-Podcast entführt euch in die Welt der wahren Verbrechen. Schonungslos berichten die aus Film und Fernsehen bekannten und sympathischen Moderatorinnen Franziska Singer und Amrei Baumgartl sprachgewandt über schockierende Kriminalfälle aus Wien und der ganzen Welt. Dazu gibt's Witz und Wiener Schmäh, denn mit Humor kann man selbst die schlimmsten Dinge im Leben besser bewältigen. Und über genau die wird im Podcast gesprochen. Unbedingt reinhören! Es lohnt sich. Bussi, baba!

TRUE CRIME INTERNATIONAL:

Die erfolgreiche Buchreihe

Von Adrian Langenscheid

Im Juni 2019 erschien Adrians Debüt. Noch im selben Monat stürmte das True Crime-Buch des bis dato noch unbekannten Schriftstellers Platz 1 der Amazoncharts in der Kategorie Mord. In fünfzehn True Crime-Kurzgeschichten erzählt Adrian einige der spektakulärsten deutschen Kriminalfälle der letzten Jahrzehnte.

Nach dem Überraschungserfolg und mit Unterstützung des Podcasts „Wahre Verbrechen“ kam knapp ein halbes Jahr später im November 2019 Langenscheids zweites Buch „True Crime USA“ auf den Markt. Das umfangreichere Nachfolgewerk der Buchreihe True Crime International knüpfte an den Erfolg seines Vorgängers an. Stilistisch und Inhaltlich stellt es eine deutliche Weiterentwicklung dar.

Printed in Germany
by Amazon Distribution
GmbH, Leipzig

21925683R00152